현대의 청교도 전도 시집

거듭남의 복음

현대의 청교도 전도 시집

거듭남의 복음

시산맥 기획시선 111

초판 1쇄 인쇄 | 2023년 09월 10일
초판 1쇄 발행 | 2023년 09월 20일

지은이 민재홍
펴낸이 문정영
펴낸곳 시산맥사
편집주간 김필영
편집위원 신정민 최연수
등록번호 제300-2013-12호
등록일자 2009년 4월 15일
주소 03131 서울특별시 종로구 율곡로 6길 36. 월드오피스텔 1102호
전화 02-764-8722, 010-8894-8722
전자우편 poemmtss@naver.com
시산맥카페 http://cafe.daum.net/poemmtss

ISBN 979-11-6243-400-0 (03810)

값 10,000원

* 이 책은 전부 또는 일부 내용을 재사용하려면 반드시 저작권자와 시산맥사의 동의를 받아야 합니다.
* 이 책은 교보문고와 연계하여 전자북으로 발간되었습니다.
* 본문 페이지에서 한 연이 첫 번째 행에서 시작될 때에는 〈 표기를 합니다.
* 저자의 의도에 따라 작품의 보조 동사와 합성 명사는 띄어쓰기가 달라질 수 있습니다.

현대의 청교도 전도 시집

거듭남의 복음

민재홍 시집

■ 시인의 말

　모든 사람으로 더불어 화평함과 거룩함을 좇으라 이것이 없이는 아무도 주를 보지 못하리라.(히12:14)
　베드로가 가로되 너희가 회개하여 각각 예수 그리스도의 이름으로 세례를 받고 죄 사함을 얻으라 그리하면 성령을 선물로 받으리니.(행2:38)
　예수께서 대답하시되 진실로 진실로 네게 이르노니 사람이 물과 성령으로 나지 아니하면 하나님 나라에 들어갈 수 없느니라.(요3:5)

　성경은 "거룩하게 살지 않으면 다시 오실 주님을 만나 뵐 수 없으므로 진실로 믿고 회개하여 죄 사함을 얻고 성령을 선물로 받아 확실히 거듭나야 한다"라고 말씀합니다.

　시문의 풀이와 이해를 돕기 위해 자서를 먼저 읽으시는 것도 좋겠습니다.

　지옥의 구덩이에 빠져 이를 갈며 슬피 울지 않으려면 믿음과 사랑의 흉배를 붙이고 구원의 소망의 투구를 쓰고 근신하여 깨어 있어야만 합니다.

　이 시집을 묵상하는 진솔한 심령들에게 거듭남의 은혜가 임하시길 기도합니다.

2023. 9.
민재홍

■ 추천의 말

복 있는 사람은 오직 하나님의 말씀을 즐거워하여 하나님의 말씀을 주야로 묵상하는 사람입니다.(시편 1편)

민재홍 시인은 거듭남의 말씀에 관련된 깨달음을 많은 시로 깊이 있고 정감있게 표현하였습니다.

하나님을 갈망한 다윗이 시로 그의 마음을 표현한 것처럼, 거듭남의 진리를 추구하는 시인의 갈망이 여러 시에 면면히 담겨 있습니다.

영혼 속에서 용솟음치는 거룩한 시상이 넘치는 사람은 얼마나 행복한 사람입니까!

독자 여러분도 하나님의 말씀이 마음속에 풍성히 거하여 주님의 말씀을 되새김질하며 새 입술로, 새 노래로 주님을 찬양하게 되시기를 기도합니다!

2023. 9.
감사교회
노병기 목사

■ 차례

시인의 말 _ 10
추천의 말 _ 11

1부 믿음

공수래공수거	19
예수 그리스도	20
요3:5	22
구원의 꽃	23
기도	24
등불	25
성령모독죄	26
죄의 각성	28
거듭나야 하는 이유	29
창조의 능력	30
체험적 세례	31
구원의 여정	32
영분별을 잘하자	33
죄 사함 받는 회개	34
믿음	35
성막	36

2부 사랑

희로애락의 락(樂)	41
거듭남	42
구원받는다는 것은	43
구원의 원칙	44
잔소리	46
감각의 차이	47
구원 얻는 방법	48
새로운 피조물	49
악령과 성령	50
작용과 반작용의 조화	51
죄 사함의 은혜	52
기적	53
물세례와 불세례	54
영 분별 은사	56
라오디게아 교회	57
뻥쟁이	58

3부 구원

어찌해야 하나	63
거듭남의 복음	64
예정과 자유의지의 관계	66
거듭남은 쉬운가요	68
하나님만 바라라	69
죄를 이김은 쉬운가 어려운가	70
자아	72
하나님의 뜻을 행하라	73
구원 얻는 믿음	74
택자	75
그게 맞는 거잖아요	76
세상을 이김은 이것이니	78
베드로의 눈물	79
알곡과 가라지	80
종교다원주의	82
본향	83

4부 소망

자존감	87
세속적 복음	88
눈 같은 사랑	90
성령의 감동감화와 내주의 차이	91
복음	94
신비한 연합	95
성령	96
감사	97
교회와 가정에서 다 함께 랄랄라	98
겉모습에 속지 마세요	99
칭의와 성화의 은혜	101
평범함의 행복	102
새 포도주는 새 부대에	103
성령 체험	104
그리움	106
천 년 왕국	107

■ 자서 | 시문의 이해를 위해 저자가 사유한 도움의 말씀   109

1부 믿음

공수래공수거

왱왱왱 벌새나
퍼덕퍼덕 백조나
먹고 사는 날갯짓은 거기서 거기

털렁털렁 경운기나
쌩쌩쌩 외제차나
그날그날 걱정근심은 거기서 거기

자아주의 세상살이에서
손으로 낚아채 쌓은 욕정의 탑은
다 거기서 거기

구원의 소망을 마음에 심고
믿음의 삶으로 물 주어
사랑의 열매로 자라나지 못한
설익은 자랑거리는
다 거기서 거기

예수 그리스도

큰 광풍이 일어
물결이 배로 들어와 죽게 된 것을
제자들이 말할 때까지 가만히
지켜보신 것은
자연을 다스림을 보이기 위함이라

여기에 계셨더라면
죽지 않았으리라는 나사로를
나흘간이나 묵묵히
돌아보지 않으신 것은
죽음을 다스림을 보이기 위함이라

십자가에서 돌아가시고
삼 일 후 부활하시어 도마에게
손바닥에 있는 못 자국에 손가락을 넣어
확인하라 하신 것은
사후 세계가 있음을 보이기 위함이라

눈앞에 실제 보인 것을
보고도 믿기 힘든 세상인데
안 보고도 믿는 믿음은

성령으로의 거듭남을 통해
구원의 축복을 주시기 위함이라

요3:5

니고데모는 거듭남을
두 번째 모태에 들어갔다가
다시 나오는 것이냐고 묻지요

몇 번을 모태에 들어갔다 나오는
표적이 있더라도
육으로 난 것은 육이예요
예배, 기도, 금식, 선행과 같은
육으로는 구원에 이를 수 없어요

성령으로 난 것은 영이니
성령이 마음에 오심으로
죄로 죽은 영을 거룩한 영으로
다시 태어나게 만드셔요
성령으로 난 사람은
세상 죄와 육의 정욕을 이기지요

구원의 꽃

씨앗이 죽어야 꽃이 피고
꽃이 지면 그 자리에
열매를 맺습니다

자아가 죽어야 칭의를 얻고
칭의를 얻은 마음에 성령이 오셔서
거듭남의 은혜를 베푸십니다

자기 부인이나
욕심을 십자가에 못 박지 않으면
구원의 꽃은 피어나다 그만
떨어져 죽습니다

기도

생각만 해도
기분이 좋을 때가 있어요

생각만 해도
눈물이 흐를 때가 있어요

세상의 색안경들이 욱여쌀 때
그런 것이 아니라고 내내
붙들고 설명하지 않아도
마음이 평안할 때가 있어요

생각만 해도
속내가 통할 때가 있어요

등불

어두운 세상을 살아가려면
등불이 필요합니다

자기 생각과 마음대로는
촛불과 같습니다
언제 꺼질지 몰라 늘
불안하여 근심합니다

어떤 대상을 믿고 의지함은
전등과 같습니다
한결같아 좋아 보이지만
한순간 픽 끊어집니다

성령이 내주하심은
태양과 같습니다
영원한 자유와 평화가
어두운 권세를 몰아냅니다

마음속 등불에 따라
삶의 질이 달라집니다

성령모독죄

죄책에서만 구원받는다면
죄짓고 회개하고
죄짓고 회개하겠지만
죄의 세력에서도 구원받는다면
세상 욕심이나 죄의 유혹과 싸워
이기는 것이 맞을 것이다

성령으로 거듭나지 않아
본성이 살아 있는 상태에서는
죄짓고 회개하고
죄짓고 회개하는 것이 맞겠지만
성령으로 거듭나서
거룩한 성품으로 다시 태어났다면
적어도 죄가 죄인 줄 알면서는
죄를 짓지 않을 것이다

성령으로 거듭났다는 것은
성령이 마음에 계시다는 것인데
성령 받았다면서
죄짓고 회개하고

죄짓고 회개한다는 것은
기본 도리에도 어긋날 것이다

죄의 각성

남 탓을 하면
남은 잘 보이나
나는 잘 안보여요

내 탓을 하면
내 허물이 보이고
내가 나를 스스로
어찌할 수 없음도 보여요

내게 시선을 돌리면
십자가의 은혜도 보이고
믿음과 회개도 보여요

거듭나야 하는 이유

육신대로 살면 죽는다네
육신의 소욕을 따라 살지 않으려면
성령의 가르치심을 받아야 한다네
거듭난 자에게는
성령의 가르치심이 머무른다네

죄의 삯은 사망이라네
양심의 소리가 분별을 외치듯
성령의 음성을 들어야 한다네
음성을 듣지 못하면
마귀의 유혹을 따라 육신대로 산다네

죄와 욕심을 비운 마음밭에
의와 거룩과 사랑의 씨앗이 꽃을 피운다네

창조의 능력

거듭남은
타락한 본성이 거룩한 성품으로
바뀌는 것이라는데
나름 은혜를 받으면서 조금씩 조금씩
거룩한 성품으로 바뀐다면
죽을 즈음에는 과연 백 퍼센트에
도달할 수 있다는 것인가요
아님 한순간 은혜를 받고
백 퍼센트 확 바뀔 수 있다는 것인가요

죽기 전에 거듭나야
하늘나라에 들어갈 수 있다면
사람의 의지와 노력으로는
조금씩 조금씩 바뀔 수는 있을 것 같은데
한순간 확 바뀌는 것은 오로지
기묘하신 권세와 능력으로만 가능하겠지요

하기야 천지창조도 하셨는데
옛 사람을 새 사람으로 다시 만드심은 말해 뭣해요

체험적 세례

물살은 기운차고
불길은 뜨겁다네

물로 씻음으로
죄 사함 받고
불이 임함으로
다시 태어난다네

물로 씻어
깨끗해진 마음에
불이 임해
타락한 본성을
거룩한 성품으로
거듭나게 한다네

물로 씻는 것도
불이 임하는 것도
다 체험이라네

구원의 여정

율법에 의해 죄를 깨닫고
십자가의 사랑에 대한
믿음과 회개로 죄 사함을 받는다

죄 사함 받은 깨끗한 마음에
성령이 선물로 내주하시면
타락한 본성은 거룩한 성품으로
다시 태어난다

행함으로 이룰 수 없던 율법은
이제는 행함으로 완전까지 나아간다

어린아이 같은 순전한 마음에 날아든
구원의 씨앗은
죄 사함의 싹을 틔운 후
점점 자라나면서 거룩한 열매로 인해
세상 죄와 욕심을 이기게 된다

영분별을 잘하자

믿고 회개함으로
죄책에서 자유함을 얻고
성령의 내주하심으로
죄의 세력을 이긴다네

성령으로 거듭난 자가
세상 죄를 이길 수 없다면
성령이 마귀보다 약함을
맥 놓아 인정하는 것이라네

거듭남의 의미에 대하여
무지하거나 뻔뻔한 자는
그럴 듯 아리송하게
성경 말씀을 왜곡한다네

죄 사함 받는 회개

자신의 죄악을 깨닫고
자신의 힘으로는 도무지
해결할 수 없음을 인정한다

문제 해결을 위해
십자가 대속의 공로가 필요하고
십자가의 고난과 멸시는
자신의 죄악 때문임을 고백한다

죄악을 멀리 하겠다고 다짐하며
믿음으로 값없이 얻는
구원의 은혜에 대하여
감사함으로 기도한다

믿음

잘 먹고 잘살 때
늘 좋아보여요

어렵고 힘들 때
잘 드러나요

고난은 때로
참 유익해요

성막

성막 뜰에는 번제단과 물두멍이
성소에는 금등잔대, 진설병, 금향단이
지성소에는 언약궤가 있다네

번제단에서 동물을 잡아 피를 흘리고
물두멍에서 손을 씻듯
희생제물 되신 그리스도의 핏값을
믿고 회개하여 죄를 씻으면
죄 사함의 칭의를 얻는다네

금등잔대에서는 기름으로 인해
밝은 빛이 성소에 가득하고
진설병에는 변개치 않는 생명의 떡이
항상 그 자리에 있으며
금향단에는 쉬지 않는 기도처럼
향연이 끊이질 않듯
생명의 말씀에 순종하겠다고
감사함으로 기도하여 은혜를 구함으로
성령께서 내주하시는
거듭남의 역사가 나타난다네
〈

성령으로 말미암아
타락한 본성이 거룩한 성품으로
다시 태어나는 새로운 피조물이 되어
택함 받은 왕 같은 제사장으로서
하나님 나라인 지성소로
마음 편히 들어갈 수 있다네

2부 사랑

희로애락의 락(樂)

옛날 어릴 적
맞은 놈은 발 뻗고 잔다고
어무니는 말씀하셨지

악을 미워하고 선에 속하면
잠잠한 즐거움이 있어

범사에 느끼는 잠잠함은
깊은 바다 같아서
아무리 폭풍우가 몰아대도
꿈쩍하지 않지

마음속이 천국이면
세상살이가 아무리 고단해도
발 뻗고 잘 수 있어

거듭남

옛 사람이 죽어야
새 사람이 된다

정과 욕심이 죽어야
의와 성결이 산다

자아가 죽어야
성령으로 다시 태어난다

구원받는다는 것은

집을 보러 다니고
계약을 해도
잔금을 치러야만
자기 집이 된다

믿고 회개하여
죄 사함 받고
성령의 내주하심으로 거듭나야
구원받는다

믿음은
집을 보러 다니는 것처럼
시작에 불과하다

구원의 원칙

믿는다고 고백만 해도 구원받는다면
구원받을 자가 많을 것이고
성령으로 거듭나야만 한다면
구원받을 자가 적을 것이다

예수 그리스도를 믿는다는 것은
구주와 주님으로 영접한다는 의미인데
구주로는 믿는다고 하지만
주님으로는 말씀 순종이 쉽지 않기에
죄짓고 회개하고 죄짓고 회개하기를 반복한다

순종은 자신의 의지와 노력으로는 불가능하므로
성령의 도우심이 절대적으로 필요하다
성령께서 마음에 내주하셔야만
거듭남의 구원도 얻고 성령의 능력으로 인해
세상의 죄와 욕심도 이기게 된다

대속의 은혜를 감사함으로 믿고
자신의 잘남을 부인하며
자아를 십자가에 못 박아 회개함으로

거룩과 사랑의 성령을 마음에 모셔 들임이
진정 구원의 원칙이다

잔소리

사랑으로
이 땅에 오사
거룩을 드러내신
십자가처럼

"왜 그래!"
단정하기보다는
"왜 그랬을까?"
먼저 헤아리면

한숨 돌린 마음은
무엇이 문제이고
어디가 잘못인지
스스로 분별할 텐데

조급한 사랑은
"왜 그랬어!"
옳고 그름의 잣대를
먼저 들이민다

감각의 차이

개구리를 가마솥에
서서히 데우면
서서히 죽는다죠

성령으로 거듭나면
거룩과 사랑에 대해
지정의가 민감해져요

양심이 살아 있을 때
거짓말이나 나쁜 짓을 하면
심장이 쿵쾅 거리잖아요

성령이 마음에 계시면
미지근한 죄가 다가와도
화들짝 뛰쳐나오죠

구원 얻는 방법

예수님을 구세주로 믿고
하나님 앞에 지난 죄악을 회개하고
성령님을 마음에 영접하여
새 사람으로 거듭난다

거룩한 삶의 길은
좁고 협착하므로
걸음걸음이 늘 적적하다

새로운 피조물

정욕과 욕심을 십자가에 못 박으면
정욕과 욕심은 죽는다

믿음으로 인해
과거의 정욕과 욕심이
더러움과 추함으로 깨달아져
미래의 정욕과 욕심까지도 몽땅
내버림이 당연지사라 현재 느껴지면
굳건한 마음가짐은
양심을 통해 순간 고민하고 갈등하나
성령내주의 선물이 주어짐으로
일부러 애써 노력하지 않아도
자연스레 의와 거룩의 일상화에 도달한다

자만을 부인하고 자아를 못 박으면
새롭게 다시 태어난다

악령과 성령

무지와 포악함으로
세상사를 파괴하고 무너뜨린다지
거짓과 간사함으로
양심을 타락시키고 이기심으로 이끈다지

천국으로 가는 길을 차단하고
알게 모르게 지옥으로 인도한다지
거듭남의 복음을 순한 양처럼 미혹하고
우는 사자처럼 대적한다지

부정이 있으면 긍정이 있고
악이 있으면 선이 있듯
악령이 있다면 당연히 성령도 계시겠지

불안을 쫓아내는 참된 기쁨과 평안은
성령 임재로만 가능하겠지

작용과 반작용의 조화

택함 받은
지혜의 왕 솔로몬은
자유의지로 타락했어요

자유의지로 양심을 택한
이방인 고넬료는
성령을 선물로 받았어요

아름다운 행실은
어둠을 미워하고 빛을 사랑하듯
구원의 빛은 옥토를 택정하고
옥토는 복음의 씨앗으로 영생의 실과를 맺혀요

택함과 자유의지의 신비는
은혜 안에 함께 살아요

죄 사함의 은혜

광야를 떠도는 큰 민족이
수고하지 않은 떡과 고기를 배불리 먹으려면
하늘에서 만나가 비같이 내리고
바다에서 메추라기가 바람 같이 몰려오면 가능하다네

겉으로 지은 허물이 작은 동산이고
속으로 지은 허물은 태산만큼이라면
아무리 태산같이 크고 큰 허물일지라도
하늘에서 흰 눈의 곳간을 열면 일순 덮힌다네

십자가 피 한 방울의 본체가
땅이 발등상이고 하늘이 보좌라면
그 핏값이 온 세상 죗값을 다 갚고도 남는다네

하늘의 값없는 사랑은
땅의 점과 흠을 모두 해결할 수 있다네

기적

물 위를 걷고
오병이어로 수천 명을 먹이고
죽을병을 고치고
죽은 자를 다시 살리는 것보다
창조주가 친히 피조물로
이 땅으로 오사
피조물에게 죽임을 당함이 기적이다

잘 먹고 잘 놀고
자기 마음대로 인생을 즐기는 것보다
창조주의 존재를 믿고
말씀 앞에 전적 순종함이 기적이다

욕심 많고 고집불통이던
구제불능의 기질이나 성향의 거듭남이
실제 기적이다

물세례와 불세례

물세례는 물로 씻어 마음을 정결하게 하고
불세례는 불로 태워 행실을 정결하게 하지요

물로는 자아를 씻어버리고
성령의 불로는 죄성을 태워버려요
자아로 인한 욕심, 교만, 이기심을 회개하면
성령님이 마음으로 오시어 죄를 이기도록
거룩함으로 인도하셔요

예수님은 구원을 위해 이 땅에 오셨고
구원을 믿게 하려고 거룩한 능력을 행하셨어요

예수님을 믿는다고 고백하거나
교회를 열심히 다니며 봉사하거나
어떤 은사나 능력 행함이 나타난다고 필시
성령 받은 건 아니예요
죄를 이기는 거룩한 내적 변화가 거듭남의 증표예요
능력을 행한다면서 고의로
죄를 계속 범한다면 어쨌거나

구원조차 받은 건 아니예요
거룩함이 없이는 하나님을 뵐 수 없어요

영 분별 은사

어둠 속에는 열매가 없어요
맺히지도 자라지도 않아요
열매는 빛을 먹고 성장해요
빛의 자녀인지 어둠의 자녀인지는
열매가 증명하지요

교회 안에도 가라지가 있어요
겉모양은 그럴 듯한데
세속적이고 이기적인 내면을 자랑해요
어둠에 사는 박쥐는 빛을 싫어해요
새는 새인데 새 같지는 않지요

성령으로 거듭나면
신의 성품을 받아 본성이 거룩해져요
착함과 의로움과 진실함의 빛으로 어둠을 이겨요
어둠에 속한 본성은 악하므로
거듭남의 복음을 왜곡하고 반대하지요

라오디게아 교회

한 발은 교회 다른 발은 세상
십자가 도는 자랑하지 않고
물질과 명예와 권세는 자랑한다네

이름은 신자 생활은 불신자
미지근한 양다리 신앙은
토함으로 내쳐진다네

뻥쟁이

말하면 거짓말
마음 씀씀이는 빵점
행실은 개판인데
그래도
예수님 믿으면 천국가나요?
....
물론이죠.
누가 그래요?
....
우리 교회 목사님요.

말로는 믿음
마음 씀씀이는 욕심꾸러기
행실은 심술쟁이인데
그래도
믿으니까 성령 받은 거죠?
....
당연하죠.
누가 그래요?
....
우리 교회 목사님요.

〈
참 황당하네.
마음이 청결하고, 의에 주리고
온유하고, 화평케 하는 사람이
성령 받고 천국 간다는데...

3부 구원

어찌해야 하나

기도할 때 흔히
알게 모르게 지은 죄를
용서해 달라고 기도하는데

부지 중 지은 죄는
그렇다손 쳐도
죄인 줄 알면서 지은 죄는
어찌해야 하나

죄 문제 때문에
속죄 제물로 말미암아
죄책과 죄의 세력에게서
오롯이 구원받았는데

믿음과 회개로
죄 사함 받고
죄의 세력을 이길 수 있도록
성령을 선물로 주신다는데

죄짓고 회개하고
죄짓고 회개하면
희생제물은 또다시
어찌해야 하나

거듭남의 복음

거룩하신 예수님은
십자가의 값없는 사랑으로
구원의 문을 만드시고는
그 문을 통과시키기 위한
기준을 정하셨어요

물과 성령으로 거듭나서
거룩하게 살라는 거예요
거룩한 행실 없이는
거룩하신 예수님을
만날 수가 없거든요

믿음과 회개는
죄 사함을 얻기 위한
전제 조건이구요
죄 사함 받은 깨끗한 마음에
예수님의 영인 성령님이
선물로 내주하셔서
거룩하게 살 수 있도록 인도하셔요
물론 사랑의 마음도 주시고요
〈

진실한 믿음과 철저한 회개가
잘 안되고 좀 힘든 부분이 있다면
간구와 묵도로 긍휼하심을 구하면 돼요
때에 맞는 은혜로 응답하시거든요

협착하고 좁은 구원의 길로
쉬지 않고 발걸음 하려면
거듭남의 이정표는 가히 중요해요

예정과 자유의지의 관계

구원이 예정이라면
불공평하다면서도
믿으면 구원받을 수 있는
공평함은 도리질한다

마음속의 양심은
선과 악으로 예정되었는데
선을 택할지
악을 택할지는
자유의지이다

예정을 믿는다면서
얼렁뚱땅 사는 것보다는
자유의지로 은혜 앞에
나아가는 것이 낫고
자유의지로 의를
자랑하는 것보다는
십자가 의 앞에
구원을 의탁함이 낫다

예정과 자유의지는

밀물과 썰물처럼
물의 흐름은 다를지언정
물맛은 똑같다

거듭남은 쉬운가요

사람으로는 어렵고
성령으로는 쉽지요

사람으로는 하늘로 오를 수 없으나
하늘이 내려와 사람을 감싸면
사람이 하늘에 속하지 않겠어요

사람의 힘으로는 어렵고
성령의 도우심으로는 쉬워요

교만한 자아를 부인하고
어린아이처럼 순전한 믿음으로 좇으면
의와 거룩과 사랑은
착한 양심으로 내려와요

하나님만 바라라

식물은
물 있는 쪽으로
뿌리를 옮기는 것 외에
한계가 있습니다

동물은
먹고 살기 위해
몸을 움직이는 것 외에
한계가 있습니다

사람은
살아있는 동안
더 잘 먹고
더 잘 살기 위해
애쓰는 것 외에
한계가 있습니다

한계 외에 것은
어쩔 수 없습니다

죄를 이김은 쉬운가 어려운가

거듭나서 거룩하게 살아야
구원받는다고 하면
이단 삼단하며
따지는 사람들이 있어요
어떻게 죄를 안 짓고 살 수 있으며
죄를 지을 수밖에 없기에
예수님을 믿는 게 아니냐며
따지는 사람들이 있어요

우리가 베토벤처럼 작곡하려면
평생을 공부해도 어렵겠지만
타고난 재능을 가진 베토벤에게는
아주 쉬운 일이에요
우리가 죄를 이기는 것은 매우 어렵지만
성령의 내주하심으로 옛 사람이
새 사람으로 다시 태어나면
능히 쉬운 일이에요

진실로 믿고 회개하여 죄 사함 받고
성령께서 선물로 마음에 오시어
우리 인생을 인도하신다면

세상의 욕심과 죄악을 이김은
아주 쉽지 않겠어요
우리 노력과 의지로는 어려워도
우리가 믿는 삼위 하나님의 능력이라면
능히 가능하지 않겠어요

거듭나서 거룩하게 살아야
천국 간다는 정의는 다름 아닌
예수님 말씀이셔요

자아

내가 살면
내 안의 내가 살고
내가 죽으면
내 안의 그리스도가 산다

내 안의 내가 살면
걱정근심이 살고
내 안의 그리스도가 살면
경탄스레 안식이 산다

오늘날 내가 죽으면
다른 날 내가 산다

하나님의 뜻을 행하라

이 세상도
그 정욕도
자기 자랑도
때가 이르면
다 지나갑니다

때가 이르기 전에
죄 사함의 사랑과
거듭남의 거룩으로
영원히 거할 처소를
마련해야 합니다

육신의 즐거움도
안목의 자랑도
세상의 권세도
때가 되면
다 떠나갑니다

구원 얻는 믿음

율법으로는 죄를 깨닫고
믿음으로는 죄 사함을 얻습니다

사람의 방법과 노력으로는
구원을 얻을 수 없기에 우리는
십자가의 의를 믿습니다

기복적인 믿음이 아니라
철저한 회개로 자기를 부인하는
거룩한 믿음이 필요합니다

십자가의 빛이
어두운 세상을 밝히듯
우리의 거룩함과 사랑함의 삶도
우리 주변을 밝힙니다

택자

착한 생각을 한다고
착한 것이 아니라
착하게 살아야
착한 것입니다

교회를 다니고
믿음으로 고백한다고
구원받는 것이 아니라
물과 성령으로 거듭나야
구원받는 것입니다

세상 밭의 좋은 씨는
가라지와 함께 자라되
추수 때는
알곡은 곳간으로
쭉정이는 풀무불로 던져집니다

그게 맞는 거잖아요

믿고 회개하여 죄 사함 받으면
성령 또한 선물로 받는다고 하시잖아요
그러면 성령내주가 필요하다는 거잖아요
죄 사함만 받으라고 하였으면
죽을 때까지 죄짓고 회개하고
죄짓고 회개하면 될 텐데 그게 아니잖아요
성령 임재가 필요하다면
죄짓고 회개하고
죄짓고 회개하는 것이 아니란 거잖아요
그러면 성령 받아서 죄짓지 말라는 거잖아요
믿고 회개하기 전까지 과거의 죄는
믿고 회개하여 가없이 죄 사함 받고
그렇게 깨끗해진 마음에
성령께서 값없이 선물로 내주하신다는 거잖아요
내주하신 현재부터 죽는 미래까지는
죄짓지 않도록 인도하신다는 거잖아요
자신의 힘과 노력으로는
이 세상의 죄악과 욕심을 이길 수 없으니까
성령께서 죄의 세력을 이길 수 있도록
능력으로 함께하신다는 거잖아요
그렇잖아요

그게 맞는 거잖아요
그렇지 않다면
다른 종교와 별차가 없는 거잖아요

세상을 이김은 이것이니

선을 행하기 원하나
원하지 않는 악을 행함은
옛 사람이 살아있기 때문이죠

창조주 앞에
전적 무익의 피조물임을 자인하고
저 잘난 맛에 살던
옛 자아를 십자가에 못 박아
새 사람이 되면
자연인이든
율법 아래 있던 사람이든
은혜 아래 살기 마련이에요

성령내주로 인해
전적 인도하심을 받는 새 사람이라면
죄와 타협하는 것이 아니라
죄와 싸워 이기는 것이 당연하죠

옛 사람은 때때로 승리하지만
새 사람은 늘 승리하니까요

베드로의 눈물

닭 울기 전
세 번이나 부인했다네

자아의 무능과 한계를
뼈저리게 느꼈다네

어부에서 사도로 다시금
쓰임 받았다네

알곡과 가라지

물과 성령으로 거듭나야
하나님 나라에 들어간다는
복음의 비밀을 믿지 않고
성령은 선물이니 그냥 받아두라거나
믿는다고 고백한다거나
교회에 다닌다거나
봉사활동을 열심히 한다거나
기도 생활을 한다거나
방언이나 예언한다거나 하면
구원받고 천국 간다는 거짓 복음을
그대로 믿게 하심은
진리를 믿지 않고
불의를 좋아하는 모든 자를
심판받게 하려고
그리하심이라네

거듭남은
믿고 회개하여 죄 사함 받은 마음에
성령께서 내주하시어
악한 본성의 옛 사람을
거룩한 성품의 새 사람으로

변화시켜 주시는 것이라네
본성의 힘이나 노력으로
거듭나는 것이 아니라
오직 값없는 은혜로 역사하심은
자랑질을 조금도 없이하려고
그리하심이라네

알곡과 가라지는
한 집에서 먹고 살되 잠옷이 다르다네

종교다원주의

인간론은
율법을 의지하고
신론은
믿음을 의지해요

율법은
자기 의를 사랑하고
믿음은
그리스도의 의를 사랑해요

우쭐하는 자기 힘과 노력을 부인하고
세상 욕심이 주는 욕구를 십자가에 못 박으면
인생살이의 고난이 뒤죽박죽이라도
은혜는 명료함으로 임해요

대속의 은혜 외에
다른 구원은 없어요

본향

그곳에 가고 싶어
기도합니다

사람의 힘으로는 갈 수 없기에
은혜를 구합니다

그곳이 있다고 믿기에
경배합니다

한평생은 감히
영원과 비교할 수 없기에
소망합니다

택함의 은혜가 더디더라도
어린아이 같은 침노의 마음으로
긍휼을 구합니다

죽음이 이르기 전
그곳의 문턱을 넘어서길
간구합니다

4부 소망

자존감

작아 보여도
꽃은 꽃이고
초라해 보여도
인생은 인생이다

작고 초라해도
한 번 피고 한 번 진다

있는 그대로
진실한 꽃을 피우면
인생은 아름답다

세속적 복음

노아 홍수 심판 때
노아 가족 여덟 명만 구원받았어요
소돔과 고모라가 멸망할 때
롯과 두 딸만 구원받았어요
출애굽한 이스라엘 장년 중에
두 명만 가나안 땅에 들어갔어요

예수님은
사랑의 속성으로
온 세상의 희생제물이 되셨으나
거룩의 속성으로
손만 내민다고 다
그 손을 잡아 주시지는 않아요

이스라엘 아합왕 때
시리아와의 전쟁에서
패전한다고 예언한 자는
미가야 한 명뿐이었어요
이스라엘이 바벨론에 멸망할 때
예루살렘 거리에 공의를 구하는 자가
한 명도 없었어요

〈
예수님은
물과 성령으로 거듭나야
하늘나라에 들어간다고 말씀하셨어요
거룩한 복음은 구호품처럼
손 내민다고 누구나 다
받을 수 있는 것은 아니예요

눈 같은 사랑

펄펄 눈이 와요
모두 다 감싸 안아
온 세상이 깨끗해요

하얀 눈은
편애도 미움도 없어요
모두 다 두 손 들고 기뻐해요

점도 흠도 없는 눈은
모두 다 녹아들어 세상을 되살려요
희생의 은혜를 머금은 땅은
꽃 잔치로 감사를 드리네요

성령의 감동감화와 내주의 차이

하나님의 사람 엘리사는
대머리라는 놀림에 그만
암곰을 불러 아이 사십이 명을 죽였고
기름부음 받은 다윗왕은 그만
간음과 살인교사를 저질렀어요

하나님을 전심으로 믿지 않고
말씀에 온전히 순종하지 않는 죄 문제로
예수님은 이 땅에 오셨고
십자가에서 그 문제를 해결하셨으며
믿고 회개하는 자에게는
죄책에서의 해방과 죄의 세력으로부터도
죄를 능히 이기도록
성령님을 마음으로 보내셨어요

구약은 때를 따라
성령님이 일시적으로 역사하셨고
마음에는 거하지 않으셨지만
신약에는 물과 성령으로 거듭난 마음에
늘 함께하셔요
찬양 중에 감동이 오고 예배 중에 은혜받고

주신 은사로 사역하고 기도 중에 응답받았다고
평생 죄짓지 않고 사는 것은 아니잖아요
능력의 성령님이 마음에 함께 사신다면
늘 음성을 들려주실 텐데 죄인 줄 알면서도
죄짓는 것이 상식적으로 가능 하겠어요
하나님의 씨가 진짜 마음 안에 계시다면
말씀을 거역하는 것이 도리어
불가능하지 않겠어요

여자가 낳은 자 중에 세례 요한보다
큰 자가 없으나
천국에서는 극히 작은 자라도
저보다 큰 이유는
성령께서 일시적으로 감동감화를 주심으로
그냥저냥 착한 행실을 흉내 내는 삶인지
죄 사함 받은 마음에 실제로 내주하심으로
타락한 본성을 거룩한 성품으로 거듭나게 하여
세상의 죄와 욕심을 능히 이기며 사는
삶인지의 차이가 아닐까요

다윗이나 세례 요한처럼

이 세상에서는 큰 자가 아니라
외진 곳의 이름 없는 작은 존재라도
성령 내주의 은혜로 이 세상을
온전히 이기며 사는 자는
천국에서 큰 자예요

복음

하나님의 아들
예수님이 육신으로
이 땅에 오셨어요

십자가에서 피 흘림으로
온 세상의 죄악을
대속하셨어요

진실로 믿고 회개하면
죄 사함과 성령님을
선물로 받아요

성령으로 거듭나면
의와 거룩과 사랑으로
삶을 드리지요

신비한 연합

꽃씨가 바람결에 날림은 은혜이고
날아간 꽃씨가 꽃을 피움은 체험입니다
비가 하늘에서 내려옴은 은혜이고
빗물을 머금은 꽃씨가 꽃을 피움은 체험입니다

바람이 어디서 오고 가는지
빗방울이 어디쯤에서 떨어지는지는 몰라도
바람결에 흩날리거나
빗방울이 닿는 느낌은 체험입니다

은혜는 신비하나
은혜받는 대상에게는 체험입니다
하나님의 씨가 임하심은 은혜이지만
내주하심을 자각함은 체험입니다
깨닫고 느낄수록
확고한 믿음과 진실한 회개의 꽃을 피우고
거룩한 행실의 열매가 열립니다

성령

걱정근심은
불안을 야기하고
우울증으로 발전해요

걱정근심 귀신이나
불안 귀신을 몰아내려면
평안의 신을
마음에 모셔야 해요

진실로 회개하고
죄 사함 받으면
세상이 알지 못하는
평화를 누리지요

감사

두 마음이 살아요
선과 악
긍정과 부정
상황과 이익 따라
왔다 갔다 해요

마귀를 대적하고
하나님을 가까이하면
두 마음은
한 마음이 돼요

좀 잘되길 바라고
더 좋아지길 원해서
물불 안 가리던 마음은
더 나빠지고
좀 부족한 것 같아도
이만하길 다행이라
두 손을 모아요

교회와 가정에서 다 함께 랄랄라

광야 생활 사십 년 동안
만나를 먹었어요
모세부터 어린아이까지
똑같이 먹고 살았어도
자리다툼과 갈등은 늘 있었지요

믿음의 분량만큼
주신 말씀과 받은 은사대로
선함과 진실함의 잣대는 본인에게
이웃은 눈높이에 맞춘 오래 참음으로
다 함께 한 길을 가면 얼마나 좋을까요

만족하고 감사하는 삶은
평안이 함께해요
식욕도 좋고
잠도 편히 오고
응가도 잘 나와요

한 몸의 많은 지체가
서로 합력하여 선을 이루면
얼마나 좋겠어요

겉모습에 속지 마세요

주 예수 그리스도의 이름으로 기도한다고 다
예수님의 기쁨은 아니지요
교인이 많이 모인다고 다
하나님의 역사는 아니지요
예언하고 병 고치는 능력을 행한다고 다
성령님의 임재는 아니지요

주님을 구주로 영접한다고 다
구원받는 것은 아니고
주여 주여 부르짖는다고 다
천국에 들어가는 것은 아니지요

점도 흠도 없는 거룩하심의 아름다움이
값없이 대속하신 사랑하심의 아름다움으로
마음속에 임재할 때
타락한 본성이 거룩한 성품으로 변화되고
하나님과 이웃을 사랑하는
삶의 도덕적 열매로 드러나요

환난이나 핍박이 휘몰아쳐도
좋은 나무에는 아름다운 열매가 열려요

〈
신앙적인 정서의 진실은
의와 거룩과 사랑의 열매로 알 수 있어요

칭의와 성화의 은혜

십자가 대속의 약속을 믿는
경건하지 아니한 자에게
값없이 주시는 칭의의 은혜

사람의 의가 전혀 필요 없는
전적 자비를 통해서만 얻는 은혜

은혜받은 자에게
성령을 선물로 주시어
세상의 죄와 욕심을 이길 수 있도록
성화로 인도하시는 은혜

사람의 힘과 노력으로 얻은
의가 아니라 믿음의 은혜로 얻은
의이기에 기쁨과 감사의 삶으로
영광 드리는 은혜

은혜는
무익한 존재임을 인정하는
어린아이 같은 마음으로 온다

평범함의 행복

사람을 통해
하나님을 보면
네모난 세상이 보이고
하나님을 통해
사람을 보면
동그란 세상이 보인다

사람을 의지하면
모난 인생길로 불안하고
하나님을 의지하면
둥글둥글한 인생길로 평안하다

네모보다는 동그라미가
더 멀리
더 쉽게 구른다

새 포도주는 새 부대에

새 포도주는 새 부대에 넣어야죠
낡은 부대에 넣으면 찢어져요

자기 능력이나 노력으로는
율법을 이길 수 없어요
자신의 죄와 무능을 증명할 뿐이죠

율법을 추종하던 바리새인들은
예수님을 배척했어요
율법의 잣대로는
은혜를 받아들이기 힘들어요

은혜의 복음은
믿음이라는 새 부대에 담아야지
율법의 행위라는 낡은 부대에 담으면 찢어져요
믿음 안에서는 성령의 능력으로
율법을 지킬 수가 있어요

거룩한 삶은
은혜의 조건이 아니라
값없이 얻은 은혜에 수반되는 표징이예요

성령 체험

태아가 생기면 몸에 변화가 오듯
성령이 오시면 삶에 변화가 나타납니다
바람이 어디서 오며 어디로 가는지
길은 알 수 없으나 바람이 스친 흔적이나
남긴 결과는 알 수 있습니다

지식이나 감성, 행실의 변화는
잠재의식 속에 숨겨진 인식될 수 없는
은밀한 변화가 아닙니다
바람으로 인해 나뭇가지가 꺾인 흔적이나
그 자리에 새 움이 돋은 결과물은
눈앞에 밝히 보이는 증거입니다

바람도 미풍이나 강풍처럼 종류가 있듯
성령의 역사하심도 방식이나 강도가 다릅니다
기쁘고 감사한 얼굴표정이나 선한 행실이라도
사람마다 차이는 있습니다

믿음은 체험입니다
직접 체험 없이 말을 전해 듣거나
책을 통해 간접 체험을 한다면

확신심의 정도 차이가 생깁니다

체험 없는 믿음은 구원의 문턱을 넘음에
미혹의 장애가 될 수 있습니다
성령 체험이 있을 때
자녀 됨의 내적 증거를 갖게 되고
의와 거룩과 사랑의 열매를 맺을 수 있습니다

성령은
손을 떨거나 뒤로 넘어지는 신체적인 감각보다는
지정의와 영적 변화를 충만으로 인도하십니다

그리움

누가 나를 대신하여
상처를 입었다면
어찌 그 사랑을 잊을 수 있는가

죽을 나를 위해
누가 생명을 주었다면
어찌 그 은혜를 잊을 수 있는가

우리의 속량을 위해 그가
나무에 달린 것을 믿는다면
우리는 어찌 해야 하는가

십자가의 사랑과 은혜로
죄 사함과 거듭남을 얻었으니
감사함을 마음에 담은 그리움으로
땅끝까지 움직여 찬양하리

천 년 왕국

마귀를 이기고
세상 욕심을 이기고
죄를 이긴 자는
장차 천 년 왕국의 보좌에 앉아
심판하는 권세를 받아요

죄에서 해방되고
죄의 세력을 이기기 위해서는
물과 성령으로 거듭나야 해요

성령으로 난 자는 세상을 이겨요
구원 얻는 믿음은 칭의와 성화를 수반하고
성화는 성령으로 거듭나야 가능해요

첫째 부활에 참예하는 자는 거룩한 자예요
거룩함이 없이는 주를 뵙지 못해요

■□ 자서

시문의 이해를 위해 저자가 사유한 도움의 말씀

몸에서 가장 중요하다고 볼 수 있는 부위는 뇌입니다. 뇌가 건전해야 몸도 건강할 수 있습니다. 그리스도께서 몸인 교회의 머리 됨과 같이 '거듭남의 복음' 또한 말씀의 으뜸이며 구원의 핵심이라 할 수 있습니다.

거듭남의 복음을 제목으로 하는 본 시집의 명제를 이해하기 위해서는 '물과 성령으로 거듭남'이 무엇인지에 대하여 기본적으로 알 필요가 있습니다. 그러한 사유로 노병기 목사님 지음, 예영커뮤니케이션에서 출판한 『거룩한 구원』에서 '거듭남'에 대한 부분을 간추려 이곳에 소개하고자 합니다.

말씀을 면면히 침노할 때 도우시는 성령님께서 역사하시길 기도합니다.

- 위대한 거듭남의 은혜

"진실로 진실로 네게 이르노니 사람이 물과 성령으로 나지 아니하면 하나님 나라에 들어갈 수 없느니라"(요 3:5)

에이든 토저는 현대에 유행하는 구원의 가르침을 인스턴트식 구원이라고 했다. 토저의 말을 들어 보자. "오늘날 구원 얻는 일에는 치명적인(deadly) 자동적 특성이 있는데, 바로 그것이 나를 크게 괴롭히고 있습니다. 내가 말하는 것은 '자동적 특성'입니다. '슬롯머신에 100원어치의 믿음을 넣고 손잡이를 당겨 작은 구원의 카드를 꺼내라. 그것을 지갑에 넣고 떠나라!' 그렇게 하고 나서 그 사람은 '그래. 나는 구원을 받았어.'라고 말합니다. 그 사람은 어떻게 자신이 구원받았다는 것을 압니까? '나는 100원을 넣었다. 예수를 영접하고 카드에 서명했다.'"

이것이 오늘날 유행하는 구원받는 길이 아닌가! 이것이 진정 바람직한 현상인가? 놀랍게도 지금은 토저 때보다 이런 식의 구원이 훨씬 많이 유행하고 있다. 이런 식 외의 다른 식의 구원에 대한 이야기는 잘 들어볼 수 없다. 아니면, 아예 교회만 다니면 구원받았다고 말해주는 곳도 많다. 당신은 어떤 식으로 구원에 이르게 되었나? 토저가 말한 것처럼 인스턴트식으로 구원받았는가? 아니면, 성경에서 말하는 참된 회심을 체험했는가?

사랑하는 그리스도인이여, 예수님께서는 우리가 성령으로 거듭나지 않으면 하나님 나라에 들어가지 못한다고 분명히 말씀하셨음을 기억하라. 요한복음 3장 3절에서 예수님께서는 "진실로 진실로 네게 이르노니 사람이 거듭나지 아니하면 하나님 나라를 볼 수 없느니라."라고 말씀하셨다. 그리고 요한복음 3장 5절에서는 "진실로 진실로 네게 이르노니 사람이 물과 성령으로 나지 아니하면 하나님 나라에 들어갈 수 없느니라."(요 3:5)라고 말씀하셨다. 한마디로 예수님께서는 우리가 성령으로 거듭나야 하나님 나라에 들어갈 수 있다고 말씀하셨다. 성령에 의한 거듭남이란 이처럼 중요한 것이다. 당신은 성령으로 거듭났는가? 성령으로 거듭난 징표가 무엇인가? 당신은 지금 성령님의 음성을 듣고, 성령님의 인도를 받아 매 순간 살아가는가? 당신이 그리스도를 믿는다고 하지만 당신 속에 성령님께서 실제로 내주하시지 않는다면 당신은 아직 구원받은 것이 아니며(롬 8:9), 계속 그 상태로 산다면 나중에 지옥에 가고 말 것이다(롬 8:13).

현대는 거듭남에 대한 가르침이 희미하고 빈약하다. 그러나 청교도들은 거듭남의 복음을 가장 중요하게 생각했다. 청교도 스티븐 차녹은 요한복음 3장 3~5절 말씀을 예수님께서 주신 말씀 중 가장 중요한 말씀으로 보았다. "예수님께서 주신 요한복음 3장 3~5절 말씀은 현세에 있어서의 모든 실천적인 경건과 내세에 있어서의 모든 행복의 기초를 담고 있습니다. 이 말씀은 그리스도께서 우리를 가르치시는 선지자로서, 그리고 우리 마음 속에서 역사해 주시는 왕으로서 주신 말씀 중에 가장 중요한 것입니다."라고 하였다.

- 거듭남의 정의

거듭남이 무엇인가? 거듭남이란 죄와 허물로 죽어 있던 우리 영혼이(엡 2:1) 살리시는 하나님의 성령의 역사로 다시 태어나는 것을 말한다. 우리가 거듭나게 되면 그리스도의 형상이 내 안에 이루어지고(고후 3:18 ; 골 3:10 ; 갈 4:19), 죄악에 물든 부패한 마귀의 성품을 지닌 이기적이었던 사람이 하나님의 거룩하신 신적인 성품을 지닌 이타적인 사람으로 바뀌게 된다(벧후 1:4). 그리고 예수님께서 내 속에, 내가 예수님 속에 있음을, 즉 그리스도와의 신비한 연합이 이루어졌음을 깨닫게 된다(요 14:20). 당신은 이와같이 거듭났는가?

오늘날은 이와 같은 거듭남에 대한 성경적 가르침을 모르는 교인이 많다. 거듭났느냐고 물으면 거듭남이 무엇인지도 잘 모르면서 거듭났다고 말하는 사람이 많다. 신앙 위인들이 말하는 거듭남의 정의를 들어보자.

조지 윗필드는 거듭남에 대해서 다음과 같이 말했다. "거듭남"이란 그의 유명한 설교에서 거듭남이란 "성령의 강력한 역사로 내적 변화를 체험하고, 우리의 도덕적 행동들이 변화된 새로운 본성의 원리에서 나오는 것"이라고 설명했다. 다시 말하면, 윗필드에 있어서 거듭남은 성령님의 강력한 역사로 "부패한 본성이 깨끗게 되고, 정결케 되고, 전적으로 변화"되고, "우리가 전적으로 새로운 피조물이 되는 것"이다.

윗필드는 우리가 장차 하나님의 구원을 받으려면 "거의(almost) 새로운 피조물이 되는 것으로는 부족하고, 철저한

(altogether) 새로운 피조물이 되어야 한다. 그렇지 않고 그리스도 안에서 구원 얻기를 기대한다면 헛된 일"이라고 하였다. 그는 거듭남이란 기이하고 놀라운 변화라고 했다. 그는 우리가 거듭나게 되면 다음과 같이 된다고 했다. "그리스도 안에서의 우리의 기질이나 습관, 행동의 변화가 너무 큰 나머지 우리가 그리스도를 알기 전에 죄 가운데 지냈던 생활을 잘 알던 자들은 그리스도 안에서 달라진 모습에 깜짝 놀라게 됩니다. 우리가 어떤 사람을 유년기 이후 한 번도 보지 못하다가 20년 만에 만나 보고 그 변한 것에 놀라듯이 말입니다."

거듭남은 체험적인가? 윗필드는 거듭남을 경험적으로 체험해야 할 것을 강하게 주장했다. 그는 "거듭남"이라는 그의 설교에서 성령에 의한 신생을 경험적으로 체험하는 것에 대해서 회중 가운데서 너무나 적은 사람들만이 이해하고 있다고 했다. "그리스도 예수 안에 있는 거듭남 혹은 신생의 교리는 대다수의 신앙고백자들 가운데 좀처럼 고려되지 않고 있으며, 너무나 적은 사람만이 경험적으로 알고 있습니다."

조나단 에드워즈는 거듭남이란 은혜[성령]가 "하나님에 의해서 주권적이고, 효과적인 작용에 의하여 주입되고(infused),"

"하나님께서 사람의 마음에 변화를 일으키셔서 그것으로 말미암아 사람이 은혜롭고 거룩하게 되는 것"이라고 했다. 그는 거듭남의 변화는 '놀라운 변화'라고 했다. "이렇게 회심할 때 영안이 열리므로 일어나는 변화는, 맹인으로 태어나 오랫동안 살다가 갑자기 눈이 떠져 밝은 대낮에 사물들을 보게 된 사람이 겪은 변화보다도 모든 면에서 훨씬 더 크고 놀라울 것입니다."

에드워즈는 "회심 또는 중생의 교리는 기독교의 가장 위대하고 기본적인 교리 가운데 하나"라고 했다. "이것은 사람들이 반드시 알고 믿어야만 하는 무한히 중요한 교리입니다. 왜냐하면 인간의 회심 또는 거듭남은 그리스도의 분명한 가르침에 따르면 인간의 구원에 절대적으로 필요한 것이기 때문입니다. 그러나 이 교리는 많은 헐뜯음과 반대를 받아 왔으며, 거듭나지 못한 자들이 의심하기 쉬운 교리입니다. 왜냐하면 그들은 결코 그와 같은 체험을 한 적이 없기 때문입니다."

존 웨슬리도 거듭남은 매우 큰 내적인 변화라고 말했다. "그것은 매우 큰 내적인 변화, 성령의 역사로써 영혼 속에 이루어지는 변화, 우리의 존재 양식 전체의 변화를 의미합니다. 왜냐하면 '하나님으로부터 나는' 순간부터 우리는 전에 살던 방식과는 전혀 다른 방식으로 살기 때문입니다. 이를테면 우리는 다른 세계에 있는 것처럼 살게 됩니다."

찰스 피니에 의하면, "거듭남이란 도덕적 성품의 전적인 현재적 변화"를 말한다. 즉 "전적인 이기심에서 전적인 거룩함으로 변화하는 것"을 말한다.

청교도의 왕자라 불리는 존 오웬은 이렇게 말했다. "거듭남이란 하나님의 은혜의 능력에 의해서 우리 마음속에 비추어진 구원하는 영적인 빛에 의하여 우리 마음속의 타고난 무지와 어둠과 소경됨이 제거되고, 영적인 생명과 의의 새로운 원리가 우리에게 주어짐으로 말미암아 우리 의지의 부패와 완고함이 제거되는 것입니다. 그리고 하나님의 사랑이 우리 영혼 속에 부어짐으로 말미암아 우리 정서의 무질서함과 반역이 치유되는 것입니다."

위대한 청교도 리처드 백스터는 회심은 "한두 가지의 변화, 혹은 스무 가지의 변화가 아니라 영혼 전체의 변화이며, 삶의 목표와 대화의 성향의 변화"라고 하였다.

윗필드를 회개시킨 유명한 책 『인간의 영혼 안에 있는 하나님의 생명』을 저술한 헨리 스쿠걸은 그 책에서 다음과 같이 말했다. "참된 신앙이란 하나님과 영혼의 연합이며, 하나님의 성품에 실제적으로 참여하는 것이고, 영혼에 하나님의 그 형상이 새겨지는 것입니다. 사도 바울의 표현을 사용하자면, 신앙이란 '우리 안에 그리스도의 형상을 이루는 것'입니다. 간단하게 말해서 신앙의 본질, 그것을 하나님의 생명이라고 부르는 것보다 더 충분하게 표현할 수 있는 방법을 나는 모르겠습니다."

이상의 말을 종합해 보면 거듭남이란 '성령의 강력한 역사로 말미암아 우리 속에 하나님의 생명이 주어짐으로 우리 영혼 속에 일어나는 내면의 철저한 변화'를 말한다. 거듭날 때 '우리의 이해력과 정서와 의지 전부가 놀랍게 변화'된다. 이것은 복음주의 각성 운동 설교자들과 청교도들이 공통적으로 강조한 내용이었다.

- **거듭남의 필요성**

왜 인간은 모두 거듭나지 않으면 안 되는가?

(1) 인간의 영이 죽어 있기 때문이다. 성경은 모든 인간이 '허물과 죄로 죽어 있다'(엡 2:1)고 말씀한다. 왜 지금 인간의 영혼이 죽어 있는가? 그것은 인류의 조상 아담과 하와의 타락 때문이다(창 2:16~17 ; 3:1~24). 인간은 본래 하나님의 도덕적 형상을 따라 의와 거룩함으로 창조되었다. 그러나 아담과 하와가 하나님께 범죄했을 때, 선악과를 따먹는 날에는 정녕 죽으리라는 말씀에 따라 그 영이 죽어버렸다.

웨슬리의 말을 들어보자. "하나님의 명령을 어긴 그날 인간은 죽었습니다. 하나님께 대하여 죽었습니다. 모든 죽음 가운데서도 가장 두려운 죽음을 당한 것입니다. 인간은 하나님의 생명을 잃어버리게 되었습니다. 하나님과 연합해야만 그의 영적인 생명이 지속됨에도 불구하고, 인간은 하나님으로부터 분리되었습니다. 육신이 영혼과 분리되는 순간 그 육신은 죽게 되는 것처럼, 영혼은 하나님과 분리되는 순간 죽게 됩니다. …… 그는 하나님에 대한 지식과 사랑 둘 다 잃어버렸습니다. 그 둘이 없이는 하나님의 형상이 존재할 수 없습니다. 하나님의 형상이 상실되었기 때문에 인간은 불행하게 되었을 뿐 아니라 거룩하지 못하게 되었습니다. 이로써, 그는 마귀의 형상인 교만과 아집에 빠지게 되었고, 멸망할 짐승의 형상인 관능적 욕구와 정욕에 빠지게 되었습니다."

이와 같이 아담 이후로 출생하는 모든 인간은 영이 죽은 채로 죄악 중에 출생하게 되었다. 그러므로 오직 하나님의 성령님께서 오셔서 살려 주셔야 인간의 영이 다시 살아날 수 있다. "살리는 것은 영이니 육은 무익하니라"(요 6:63).

오웬은 인간의 영혼은 죽어 있기 때문에 외부에서 생명이 들어가야 한다고 했다. "영적으로 죽은 상태에 있는 사람은 영적인 생명이 있는 방향으로 향하고자 하는 그 어떤 활동적인 성향도 없습니다. 그것은 죽은 시체가 자연적 생명을 향한 어떤 활동적인 성향이 없는 것과 마찬가지입니다. 이러한 사람에게는 영원한 능력에 의하여 생명의 원리가 밖에서부터 그 속으로 들어가야 합니다. 이것은 나사로의 죽은 몸속에 그의 영이 들어갈 때 살아난 것과 마찬가지입니다. 그 자체로는 생명을 향한 최소한의 활동적인 성향이나 경향성을 갖고 있지 못했습니다. 허물과 죄로 죽은 영혼도 그와 마찬가지입니다."

(2) 인간은 모두 부패한 본성을 가지고 태어나기 때문이다(롬 3:10~12 ; 시 51:5). 영이 죽은 인간은 모두 타락한 본성을 가지

고 태어난다. 하나님을 향한 지식도 사랑도 의지도 다 죽어 있다. 지, 정, 의가 심히 부패해서 죄악에 종노릇 하게 되었다. 거듭나지 못한 인간의 생각은 허망한 것을 쫓아가고, 마음은 탐욕과 시기와 미움의 지배를 받으며, 의지는 선을 행하기에는 더디며 악을 행하기에 빠른 자가 되었다.

로마서 1장 28~32절에서는 거듭나기 전의 사람들의 모습을 잘 묘사하고 있다. "또한 저희가 마음에 하나님 두기를 싫어하매 하나님께서 저희를 그 상실한 마음대로 내어 버려 두사 합당치 못한 일을 하게 하셨으니, 곧 모든 불의, 추악, 탐욕, 악의가 가득한 자요, 시기, 살인, 분쟁, 사기, 악독이 가득한 자요, 수군수군하는 자요, 비방하는 자요, 하나님의 미워하시는 자요, 능욕하는 자요, 교만한 자요, 자랑하는 자요, 악을 도모하는 자요, 부모를 거역하는 자요, 우매한 자요, 배약(背約)하는 자요, 무자비한 자라. 저희가 이 같은 일을 행하는 자는 사형에 해당하다고 하나님의 정하심을 알고도 자기들만 행할 뿐 아니라 또한 그 일을 행하는 자를 옳다 하느니라." 구원받지 못한 모든 사람은 이와같이 온갖 죄악 속에 살아간다. 이것은 그 본성이 부패했다는 증거다.

성경은 부패한 본성을 따라 불의하게 사는 죄인은 장차 임할 영원한 하나님 나라에 들어갈 수 없다고 분명히 말씀한다. 고린도전서 6장 9~10절을 보라. "불의한 자가 하나님의 나라를 유업으로 받지 못할 줄을 알지 못하느냐? 미혹을 받지 말라. 음란하는 자나 우상 숭배하는 자나 간음하는 자나 탐색하는 자나 남색하는 자나 도적이나 탐람하는 자나 술 취하는 자나 후욕하는 자나 토색하는 자들은 하나님의 나라를 유업으로 받지 못하리라." 음란 죄, 우상 숭배 죄, 도적질, 탐람하는 죄, 술 취하는 죄 등을 짓는 사람은 지옥에 갈 것이라고 분명히 성경은 말씀한다. 참으로 귀를 기울여야 할 말씀이 아닐 수 없다. 그런데, 여기서 '탐람하는 자'란 어떤 자를 가리키는가? 그것은 세상의 탐심에 따라 사는 것을 말한다(요일 2:15~16).

누구든지 세상적인 탐욕, 즉 속물근성을 버리지 못하고 속물로 살면 장차 임할 하나님 나라에 들어가지 못할 것이다. 에베소서 5장 3~6절을 보라. "음행과 온갖 더러운 것과 탐욕은 너희 중에서 그 이름이라도 부르지 말라. 이는 성도의 마땅한 바니라. 누추함과 어리석은 말이나 희롱의 말이 마땅치 아니하니 돌이켜 감사하는 말을 하라. 너희도 이것을 정녕히 알거니와 음행하는 자나 탐하는 자 곧 우상 숭배자는 다 그리스도와 하나님 나라에서 기업을 얻지 못하리니, 누구든지 헛된 말로 너희를 속이지 못하게 하라. 이를 인하여 하나님의 진노가 불순종의 아들들에게 임하나니 ……." 이 구절을 보면, 탐하는 자는 곧 우상 숭배자라고 하셨다. 또 골로새서 3장 5절에도 보면, 탐심은 우상 숭배라고 하셨다. "그러므로 땅에 있는 지체를 죽이라. 곧 음란과 부정과 사욕과 악한 정욕과 탐심이니 탐심은 우상 숭배니라. 이것들로 인하여 하나님의 진노가 임하느니라"(골 3:5~6). 왜 탐심이 우상 숭배인가? 그것은 하나님보다 피조물을 더 사랑하는 것이기 때문이다. 이 세상의 그 어떤 것을 하나님보다 더 사랑하는 것은 우상 숭배요, 영적인 간음이다(약 4:4). 누구든지 이러한 세상의 탐심을 가진 자는 하나님 나라를 유업으로 받지 못하고, 하나님의 진노를 받게 될 것이다.

이와같이 부패한 본성에 따라 불의하게 사는 인간은 반드시 지옥에 간다. 그러므로 성령으로 거듭나야 하는 것이다. 차녹은 다음과 같이 말했다. "그러므로 모든 사람은 타락한 아담으로부터 물려받은 부패한 본성과는 전혀 다른 새로운 본성을 반드시 구비해야 하는 것입니다."

오웬은 좋은 열매를 맺으려면 먼저 우리의 부패한 본성이 변화되어야 한다고 했다. "하나님의 방법은 먼저 우리들의 본성을 씻고 깨끗하게 하시는 것입니다. 돌 같은 마음을 제하여 버리시고 살 같은 마음을 주시는 것입니다. 그리고 그의 법을 우리들의 마음에 새기시는 것이고, 우리들 속에 그의 영을 주시는 것입니다. 이것이 거듭남의 은혜입니다. 그 결과 우리는 그의 율례를 행하게 되고 하나님의 법을 지키고 준수하게 되는 것입니다. 즉 우리의 삶을 개혁하게 되고 하나님께 대한 모든 거룩한 순종을 낳게 되는 것입니다."

(3) 거룩함이 없다면, 누구도 장차 임할 영원한 천국에 들어가지 못하기 때문이다. "모든 사람으로 더불어 화평함과 거룩함을 좇으라. 이것이 없이는 아무도 주를 보지 못하리라"(히 12:14). 장차 이 땅에 임할 영원한 천국은 죄인들이 가는 곳이 아니고, 이 땅에서 죄에서 구속받고 거룩하게 산 자들만 들어가게 될 것이다(계 14:4~5 ; 7:13~14). 그러므로 성령으로 거듭나 거룩한 사람이 되어야 하는 것이다. 웨슬리의 말을 들어보자. "'거룩함이 없이는 아무도 주를 보지 못할' 것이며, 영광 속에 나타나시는 하나님의 얼굴을 보지 못할 것입니다. 결과적으로 신생은 영원한 구원을 얻기 위하여 절대적으로 필요한 것입니다. …… 왜냐하면 다시 태어남이 없이는 아무도 거룩해질 수 없기 때문입

니다."

어느 정도 변화된 삶을 살아야 거룩한 것인가? 예수님께서 우리들에게 요구하시는 거룩한 삶의 수준은 어느 정도인가? 마태복음 5장에서 7장까지 나오는 산상수훈에 그 대답이 있다. 예수님께서는 산상수훈에서 천국 백성들이라면 마땅히 살아야 할 삶의 수준을 말씀해 주셨다. 예수님께서는 마태복음 5장 20절에서 다음과 같이 말씀하셨다. "내가 너희에게 이르노니 너희 의가 서기관과 바리새인보다 더 낫지 못하면 결단코 천국에 들어가지 못하리라"(마 5:20). 예수님께서 신약 성도들에게 요구하시는 삶의 수준은 매우 높다. 이것을 명심해야 한다.

그러면 서기관과 바리새인들보다 나은 의는 어떤 수준인가? 서기관들은 구약 율법을 전문적으로 연구하고 가르쳤던 사람들로서 당시 율법 해석의 권위자들이었다. 성경에서는 다른 말로 '율법사, 교법사'로도 호칭되어 나온다. 오늘날로 보면 전문적 신학자들에 해당된다. 바리새인들은 구약의 율법을 외형적으로 지키는 데 남다른 열심을 가졌던 종교 집단으로서 예수님 당시 약 6천 명가량 있었다. 바리새 운동은 말하자면 하나의 중산층 평신도들의 경건 운동으로서, 모세 율법, 특히 레위기의 거룩과 정결의 법들을 철저히 지키는 데 힘을 쏟았다. 그들은 자신의 몸을 깨끗하게 관리하고 음식을 가리며, 불결한 죄인으로부터 분리하는 것을 주된 소임이라고 생각했다.

 서기관과 바리새인들은 적어도 오늘날 주일 예배만 드리는 소위 주일 신자들(Sunday Christian)이나 기타 대부분 평균적 교인들보다는 훨씬 열심이 있었다는 것을 알아야 한다. 비록 형식적이고 외식적인 신앙생활로 말미암아 예수님께로부터 심한 질책을 받았지만 그들 나름대로 상당한 종교적 열심이 있었다. 특히 바리새인들은 열심이 대단하여 철저한 안식일 준수, 온전한 십일조는 물론이요, 일주일에 두 번씩 금식하고 전도도 많이 했다. 서기관과 바리새인들은 그들의 종교적 전문성과 열심으로 인해 백성들은 그들을 인정하고 그들의 가르침에 의존했다. 그러나 예수님께서는 가장 신랄하게 그들을 질책하셨다. 외적 행위와 달리 그들의 마음은 온갖 '불법과 외식'이 가득했기 때문이다(마 23:28). 서기관과 바리새인들에 대한 "예수님의 첫 번째, 근본적인 비난은 그들의 종교가 마음의 종교가 아니라 전적으로 외적이요, 형식적이라는 것"이었다. 오늘날도 외적인 종교적 활동은 매우 열심히 하지만 마음이 거룩하지 못한 신자들이 많다.

예수님께서는 우리가 이러한 서기관과 바리새인들보다 낫지 못하면 결단코 천국에 들어갈 수 없음을 분명히 말씀하셨다. 그러면 그들보다 더 나은 의는 어떤 것인가? 그것은 그 마음속에 하나님의 거룩함을 가지고 살아가는 삶을 말한다. 예수님께서는 그것을 마태복음 5장 21~48절에서 약 다섯 가지로 나누어 상세히 말씀해 주셨다.

첫째, 장차 천국에 들어가려면 거짓 없는 순수한 형제 사랑을 가진 삶을 살아야 한다. 마태복음 5장 21~22절을 보라. "옛 사람에게 말한 바 살인치 말라 누구든지 살인하면 심판을 받게 되리라 하였다는 것을 너희가 들었으나, 나는 너희에게 이르노니 형제에게 노하는 자마다 심판받게 되고 형제를 대하여 라가라 하는 자는 공회에 잡히게 되고 미련한 놈이라 하는 자는 지옥 불에 들어가게 되리라." 신약 성도는 그리스도 안에서 형제에 대하여 거짓 없는, 순수한 사랑을 가지고 살아야 한다. 그리스도 안의 형제들을 나보다 낫게 여기고, 존중하고 살아야 한다. 율법은 살인하면 안 된다고 가르쳤으나, 예수님께서는 형제에게 노하여도 안 되고 욕하여도 안 된다고 하셨다. 형제를 미워하는 것은 영적인 살인이다. 이러한 거짓 없는 사랑은 오직 성령님만이 주실 수 있다. 당신이 참으로 성령으로 거듭나게 되면 진심으로 형제를 사랑할 수 있게 될 것이다(요일 3:14).

둘째, 장차 천국에 들어가려면 이성에 대하여 부정한 마음을 버리고, 순결한 마음을 가지고 살아야 한다. 마태복음 5장 27~28절을 보라. "또 간음치 말라 하였다는 것을 너희가 들었으나, 나는 너희에게 이르노니 여자를 보고 음욕을 품는 자마다 마음에 이미 간음하였느니라." 이성에 대한 관심은 인간의 본능에 속한다. 그러나 복음의 능력은 그것조차 뛰어넘게 하신다. 인간의 결심과 노력으로는 이것이 어렵지만, 성령님의 지배 아래 살면 이것이 쉽다(약 3:17). 그러므로 거룩한 성령을 받아야 하는 것이다.

셋째, 장차 천국에 들어가려면 항상 진실하고 정직하게 말해야 한다. 마태복음 5장 33~37절을 보라. "옛 사람에게 말한바 헛맹세를 하지 말고 네 맹세한 것을 주께 지키라 하였다는 것을 너희가 들었으나, 나는 너희에게 이르노니 도무지 맹세하지 말지니 하늘로도 말라. 이는 하나님의 보좌임이요, 땅으로도 말라. 이는 하나님의 발등상임이요, 예루살렘으로도 말라. 이는 큰 임금의 성임이요, 네 머리로도 말라. 이는 네가 한 터럭도 희고 검게 할 수 없음이라. 오직 너희 말은 옳다 옳다, 아니라 아니라 하

라. 이에서 지나는 것은 악으로 좇아 나느니라." 율법에는 헛맹세를 하지 말라고 하였으나, 예수님께서는 아예 맹세를 하지 말라고 하셨다. 할 수 있으면 할 수 있다고 말하고, 할 수 없으면 할 수 없다고 말하라는 것이다. 예면 예, 아니면 아니라고 말하라는 것이다. 이것은 거짓을 버리고 항상 마음속에 있는 진실을 말하라는 뜻이다. 당신이 천국에 들어가려면 매사에 생각하는 것에 있어서나, 말하는 것에 있어서나, 행동하는 것에 있어서 진실하게 살아야 한다. 이렇게 살지 않는 자는 아무도 천국에 들어갈 수 없다. 진실의 영이신 성령으로 거룩하게 거듭나야 이렇게 살 수 있다(엡 5:9).

넷째, 장차 천국에 들어가려면 내게 악을 행하는 자를 대적하지 말아야 한다. 즉 복수심을 갖지 말아야 한다. 마태복음 5장 38~42절을 보라. "또 눈은 눈으로, 이는 이로 갚으라 하였다는 것을 너희가 들었으나, 나는 너희에게 이르노니 악한 자를 대적지 말라. 누구든지 오른편 뺨을 치거든 왼편도 돌려 대며, 또 너를 송사하여 속옷을 가지고자 하는 자에게 겉옷까지도 가지게 하며, 또 누구든지 너로 억지로 오 리를 가게 하거든 그 사람과 십 리를 동행하고, 네게 구하는 자에게 주며 네게 꾸고자 하는 자에게 거절하지 말라." 율법은 동일 보복률이지만, 예수님께서는 우리는 그보다 나은 마음을 가지고 살아야 한다고 하셨다. 우리는 절대 누구에게든 복수심을 갖지 말아야 한다. 우리를 괴롭히는 자일지라도 복수심을 갖지 말아야 한다. 우리가 성령으로 거듭나게 되면 복수심 대신에 긍휼히 여기는 마음을 가지게 될 것이다(마 5:7 ; 약 3:17).

다섯째, 장차 천국에 들어가려면 원수까지 사랑해야 한다. 마태복음 5장 43~44절을 보라. "또 네 이웃을 사랑하고 네 원수를 미워하라 하였다는 것을 너희가 들었으나, 나는 너희에게 이르노니 너희 원수를 사랑하며 너희를 핍박하는 자를 위하여 기도하라." 예수님께서는 우리의 상식적 수준으로는 이해가 안 되며, 헤아릴 수 없이 높은 수준의 말씀을 가르치셨다. 그러나 사랑의 영이신 성령을 받으면 이것이 저절로 된다. 이것이 은혜의 능력이다.

우리가 할 수 없는 일을 예수님께서 요구하셨다면 예수님은 자기는 실천하지도 않는 무거운 짐을 지우는 서기관과 바리새인들(마 23:3~4)처럼 무자비한 사람이었을 것이다. 그러나 예수님께서는 친히 몸소 원수들을 용서하시고, 자기를 십자가에 못박은 자들을 위해 기도하셨다(눅 23:34). 우리 자신의 힘만으로는 이러한 삶을 살기가 불가능하지만 예수님의 영이 우리 마음에 임하시면 그렇게 살 수 있게 하신다. 그러므로 당신은 성령으로 거룩하게 거듭나야 하는 것이다.

질문 : 어떤 사람은 서기관과 바리새인보다 나은 의라는 것을 단순히 예수님을 믿음으로 얻게 되는 의를 지칭한다고 주장하는 사람이 있다. 그러므로 자신들은 예수님을 믿음으로 의롭다 하심을 받았기 때문에, 이 말씀들을 지키는 것과 구원은 상관이 없다고 주장한다. 또 어떤 사람은 이 말씀들은 단지 우리의 부족을 깨닫게 하시기 위해서 주신 것이라고 말하기도 한다. 이런 주장들을 어떻게 보아야 하는가?

답변 : 예수님께서 마태복음 5장 17절부터 48절까지 말씀하신 의도가 바로 그러한 자들을 반박하시기 위함이셨다. 예수님께서는 바로 앞 17절에서 "내가 율법이나 선지자나 폐하러 온 줄로 생각지 말라. 폐하러 온 것이 아니요 완전케 하려 함이로다."(마 5:17)라고 분명히 말씀하셨다.

예수님께서는 우리로 하여금 더 나은 율법적 성취를 할 수 있도록 하시기 위하여 오신 것이지, 더 안일한 삶의 방식을 허용

하시러 오신 것이 아니다. 이것을 더욱 분명히 확정하시기 위해서 예수님께서는 산상수훈을 마치면서 다음과 같이 말씀하셨다. "그러므로 누구든지 나의 이 말을 듣고 행하는 자는 그 집을 반석 위에 지은 지혜로운 사람 같으리니 비가 내리고 창수가 나고 바람이 불어 그 집에 부딪히되 무너지지 아니하나니 이는 주초를 반석 위에 놓은 연고요, 나의 이 말을 듣고 행치 아니하는 자는 그 집을 모래 위에 지은 어리석은 사람 같으리니 비가 내리고 창수가 나고 바람이 불어 그 집에 부딪히매 그 무너짐이 심하리라"(마 7:24~27). "나더러 주여 주여 하는 자마다 천국에 들어갈 것이 아니라 다만 하늘에 계신 내 아버지의 뜻대로 행하는 자라야 들어가리라"(마 7:21). 산상수훈은 실천하라고 주신 것이지, 감상하라고 주신 것이 아니다. 우리 힘으로는 할 수 없으나 예수님의 보혈로 죄 사함 받고 성령으로 거듭나면 능히 할 수 있다. 이것이 예수님께서 이 세상에 오신 목적이다.

로이드 존스(Martyn Lloyd-Jones, 1899~1981)는 거짓 선지자에 대해서 이렇게 말했다. "거짓 선지자는 산상 설교를 실천해야 한다고 말해 주지 않습니다. 만일 우리가 산상 설교를 실천하지 않고 이 설교를 듣기만 한다면 우리는 저주를 받을 것입니다." 윗필드는 성령을 받으면 원수까지 사랑하게 된다고 가르쳤다. "성령을 받았다는 다섯 번째 성경적 표지는 원수까지도 사랑하는 것입니다. '나는 너희에게 이르노니, 너희 원수를 사랑하며 너희를 핍박하는 자를 위하여 기도하라'(마 5:44). 원수를 사랑하라는 이 의무는 너무도 필요합니다. 이것이 없다면 우리의 의가 서기관과 바리새인의 의보다 더 낫지 못합니다. 심지어 세리와 죄인들의 의보다 더 나은 것이 없습니다. '너희가 너희를 사랑하는 자를 사랑하면 남보다 더하는 것이 무엇이냐?" 남과 다른 특별한 것이 무엇입니까? "세리도 이같이 아니 하느냐?"(마 5:46) …… 그것은 거듭나지 않은 자연인에게는 어려운 의무입니다. 그러나 성령의 약속에 참여하게 된 자는 누구든지 그것이 실천할 수 있는 일이며 쉽다는 것을 발견할 것입니다."

(4) 우리는 성령으로 거듭날 때 비로소 이 땅에 임한 하나님 나라에 들어가며 하나님 나라의 참 백성이 되기 때문이다(요 1:12~13). 예수님께서 이 세상에 오신 목적은 이 땅에 하나님 나라를 건설하시는 것이었다(눅 4:43~44 ; 마 12:28). 이 하나님 나라는 오순절 날 성령님의 강림으로 시작되었다(행 2:1~36). 우리가 성령을 받음으로 지금 하나님 나라에 들어가며(요 3:3, 5) 우리 심령 속에 천국이 시작되는 것이다(롬 14:17). "그가 우리를 흑암의 권세에서 건져내사 그의 사랑의 아들의 나라로 옮

기셨으니"(골 1:13). "오직 너희는 택하신 족속이요 왕 같은 제사장들이요 거룩한 나라요 그의 소유된 백성이니 이는 너희를 어두운 데서 불러내어 그의 기이한 빛에 들어가게 하신 자의 아름다운 덕을 선전하게 하려 하심이라"(벧전 2:9). 지금 성령님께서 그 마음에 내주하셔서 하나님 나라가 그 마음에 임한 사람만(심령 천국)이 장차 임할 영원한 천국에 들어가게 될 것이다(영원 천국).

- 거듭남의 방법

그러면 우리는 어떻게 거듭나는가? 우리는 '물과 성령으로' 거듭난다.

(1) 물로 거듭난다는 것은 무엇인가?

물로 거듭난다는 것은 십자가를 통해 나타난 '구원의 말씀'을 믿고 회개함으로 죄 사함을 받고 '죄로부터 정결케 됨'을 말한다. 우리가 예수님의 십자가의 은혜의 복음을 믿고, 우리 죄를 뉘우치고 철저히 회개하면 예수님의 보혈이 우리의 모든 죄를 깨끗이 씻어 주신다. "만일 우리가 우리 죄를 자백하면 저는 미쁘시고 의로우사 우리 죄를 사하시며 모든 불의에서 우리를 깨끗하게 하실 것이요"(요일 1:9).

성경 여러 곳에 보면, 물은 '말씀'을 상징한다. 그러므로 물로 거듭난다는 것은 구원의 '말씀'을 믿고 순종하여 회개함으로 깨끗하게 되는 것을 말한다. 다음 여러 구절들이 그것을 뒷받침한다. "이는 곧 물로 씻어 말씀으로 깨끗하게 하사 거룩하게 하시고 자기 앞에 영광스러운 교회로 세우사 티나 주름 잡힌 것이나 이런 것들이 없이 거룩하고 흠이 없게 하려 하심이니라"(엡 5:26~27). "너희가 진리를 순종함으로 너희 영혼을 깨끗하게 하여 거짓이 없이 형제를 사랑하기에 이르렀으니 마음으로 뜨겁게 피차 사랑하라 너희가 거듭난 것이 썩어질 씨로 된 것이 아니요 썩지 아니할 씨로 된 것이니 하나님의 살아 있고 항상 있는 말씀으로 되었느니라"(벧전 1:22~23).

웨슬리 듀웰(Wesley Duewel)은 다음과 같이 말했다. "요한복음 3장 5절이나 디도서 3장 5절은 물세례를 말하는 것이 아니라, 하나님의 말씀의 깨끗게 하시는 능력을 말하는 것입니다. 영적으로 깨끗하게 되고 변화되는 것은 성령님께서 그 마음에 말씀을 적용하심으로만 일어납니다(요 15:3 ; 17:17 ; 엡 5:26)."

예수님께서는 십자가에 달리시기 전날 밤 제자들에게 다음과 같이 말씀하셨다. "너희는 내가 일러준 말로 이미 깨끗하였으니 내 안에 거하라 나도 너희 안에 거하리라 가지가 포도나무에 붙어 있지 아니하면 절로 과실을 맺을 수 없음 같이 너희도 내 안에 있지 아니하면 그러하리라"(요 15:3~4). 예수님의 제자들은 그리스도의 말씀을 믿고 순종하여 따랐다. 이것으로 그들은 깨끗함을 받았던 것이다. 즉 물로 거듭난 것이다. 제자들은 물로 씻음은 받았으나, 성령의 약속을 받지 못한 상태였다. 그들은 예수님을 사랑하였으나, 신적인 능력이 없었다. 그래서 예수님께서 부활하신 후 제자들에게 숨을 내쉬면서 "성령을 받으라."라고 하신 것이다(요 20:22).

(2) 성령으로 거듭난다는 것은 무엇인가?

그리스도를 믿고 철저히 회개하여 죄 사함을 받은 자에게 하나님께서는 '성령을 선물'로 주신다. 즉, 성령 내주의 은혜를 주신다. 이때 우리 영혼이 성령으로 거듭나게 되고, 거룩하게 되고, 새롭게 된다. 이것이 성령으로 거듭나는 것이다. 이것이 성령 세례다.

하나님께서는 믿고 회개하는 자에게 성령을 주시기로 약속하셨다(엡 1:13 ; 갈 3:13~14). 요한복음 7장 37~39절을 보라. "명절 끝날 곧 큰 날에 예수께서 서서 외쳐 가라사대 누구든지 목마르거든 내게로 와서 마시라. 나를 믿는 자는 성경에 이름과 같이 그 배에서 생수의 강이 흘러나리라 하시니, 이는 그를 믿는 자의 받을 성령을 가리켜 말씀하신 것이라." 또, 사도행전 2장 38~39절을 보라. 믿고 회개하여 '죄 사함 받은 자'에게 성령의 선물을 약속하셨다. "베드로가 가로되 너희가 회개하여 각각 예수 그리스도의 이름으로 세례를 받고 죄 사함을 얻으라. 그리하면 성령을 선물로 받으리니, 이 약속은 너희와 너희 자녀와 모든 먼 데 사람 곧 주 우리 하나님이 얼마든지 부르시는 자들에게 하신 것이라." 성령님께서 우리 심령 속에 내주하실 때, 우리는 성령으로 거듭나게 된다.

- 거듭남의 결과

우리가 성령으로 거듭나게 되면, 성령의 내주하심을 깨닫게 된다(요 7:37~39 ; 14:20 등). 윗필드는 모든 신자가 성령의 내주하심을 느껴야 한다고 강조했다. 그는 성령의 내적 증거를 부인하는 설교자에 대해서 다음과 같이 말했다. "맹인을 인도하는 맹인 된 인도자들에게는 화가 있을 것입니다! 어떻게 그런 사람들이 지옥의 저주를 피할 수 있겠습니까? (소위 여러분이 갖고 있다고 하는) 모든 학식이 여러분을 하나님의 공의의 심판에서 피하게 해 줄 수 없습니다. 또한 여러분의 고위 성직이 하나님의 공의의 심판을 면케 해 줄 수 없습니다. 잠시 후면 우리는 모두 다 그리스도의 심판대 앞에 서게 될 것입니다. 거기서 저와 여러분은 만날 것입니다. 거기서 위대한 목자요, 영혼의 감독 되신 예수 그리스도께서 누가 거짓 선지자인지를 확정하실 것입니다. 또 누가 양의 옷을 입은 이리인지를 밝히실 것입니다. 지금 성령을 받고 느껴야 한다고 말하는 자들이 주님으로부터 칭찬을 들을는지, 아니면 그러한 가르침을 마귀의 교리라고 소리치며 대적하는 자들이 주님의 인정을 받을 것인지는 그날에 판결이 날 것입니다."

거듭난 사람은 성령님의 내주를 느낄 뿐만 아니라, 본성이 거룩하게 되는 근본적 변화를 경험하게 된다(벧후 1:4 ; 고전 6:11 ; 살후 2:13 ; 딛 3:3~5 등). "이로써 그 보배롭고 지극히 큰 약속을 우리에게 주사 이 약속으로 말미암아 너희로 정욕으로 인하여 세상에서 썩어질 것을 피하여 신의 성품에 참예하는 자가 되게 하려 하셨으니"(벧후 1:4). 거듭나게 되면 죄악을 즐기고 세상 것을 즐기던 육적이던 본성이 하나님의 의와 거룩을 좋아하는 영적인 성품으로 바뀐다. 그리고 거듭난 사람은 그 속에 사랑이신 성령님께서 내주하시기 때문에 더는 이기적인 마음 상태로 살지 않게 된다. 그 대신 이타적인 사랑의 영을 갖게 됨으로 말미암아(갈 5:22~23 ; 요일 3:10) 온 힘을 다하여 하나님의 영광과 이웃의 영혼의 유익을 위하여 살게 된다.

당신은 이렇게 거듭났는가?

- 거듭난 사람의 표징

"이러므로 하나님의 자녀들과 마귀의 자녀들이 나타나나니 무릇 의를 행치 아니하는 자나 또는 그 형제를 사랑치 아니하는 자는 하나님께 속하지 아니하니라" (요한1서 3:10)

거듭난 주의 백성의 특징은 무엇인가? 하나님께서는 누가 거듭났는지 분별할 수 있도록 성경에 충분히 말씀해 주셨다.

1. 예수님에 대한 확실한 신적인 믿음을 갖게 된다

성령이 임하시면 성령의 조명으로 '신적인 믿음'을 갖게 된다. "또 아는 것은 하나님의 아들이 이르러 우리에게 지각을 주사 우리로 참된 자를 알게 하신 것과 또한 우리가 참된 자 곧 그의 아들 예수 그리스도 안에 있는 것이니 그는 참 하나님이시요 영생이시라"(요일 5:20).

참으로 거듭난 사람은 하나님께서 단번에 신적인 믿음을 주셨음을 느낀다(유 1:3).

신적인 믿음이 주어진 사람은 결코 흔들리지 않는 확신을 가지게 된다.

에드워즈는 참된 회심은 거룩한 확신을 수반한다고 주장했다. "참으로 은혜 받은 사람들은 복음의 위대한 내용의 진리성을 확고하고, 온전하며, 철저하고, 효과적으로 확신하고 있습니다. 그들은 이제는 두 견해 사이에서 머뭇거리지 않는다는 뜻입니다. 복음의 위대한 교리들이 다시는 그 사람들에게 의심스럽지 않으며, 더는 논쟁거리가 안 됩니다."

2. 성령의 내적 증거를 갖게 된다

우리가 거듭나서 하나님의 자녀가 되면 성령의 내적인 증거를 느끼게 된다. "성령이 친히 우리 영으로 더불어 우리가 하나님의 자녀인 것을 증거하시나니"(롬 8:16).

성령님께서 내주하시면, 내 영에게 '너의 죄는 사해졌으며 너는 이제 하나님의 자녀가 되었다.'라고 평화를 말씀해 주신다. 내가 칭의의 상태에 있음을 깨닫게 해주시고, 양자의 영이 주어졌음을 깨닫게 해주신다(롬 8:15). 이때 세상이 결코 주지 못하는 평안과 기쁨을 느끼게 된다(요 14:27).

토저는 다음과 같이 말했다. "어떤 죄인이 교회로 가서 목회자를 만납니다. 밑줄을 잔뜩 친 성경을 지닌 목회자가 그를 설득하여 마침내 예수님을 믿겠다는 다짐을 받아냅니다. 하지만 그가 교회를 떠나 두 블록만 걸어가면 이번에는 마귀가 다시 그를 설득해서 불신앙으로 떨어뜨릴 것입니다. 그러나 그리스도의 보혈을 증거하시는 성령님께서 죄인에게 내적 조명을 주신다면 ─ 즉, 내적 증거를 주신다면 ─ 누구도 그의 생각을 바꾸어 놓을 수 없습니다. 온 세상이 달려들어서 그를 설득하려고 애를

써도 그는 '그러나 나는 진리가 무엇인지 안다.'라고 대답할 것입니다. 성령님의 내적 증거를 받은 사람은 완고한 것이 아니고 거만한 것도 아닙니다. 그는 확신에 차 있을 뿐입니다. 이것이 정상적인 기독교입니다." 내가 하나님의 자녀가 되었다는 가장 중요한 증거 중 하나가 바로 이 성령님의 내적 증거이다.

3. 생수의 강 같은 기쁨이 나타난다

성령님께서 내주하셔서 내가 하나님의 자녀가 되었음을 증거하는 사람은 그 배에서 생수의 강 같은 기쁨이 한없이 흘러내린다(요 4:13~14 ; 요 7:37~39).

웨슬리는 성령의 증거를 갖게 되면 말할 수 없는 기쁨을 가지게 된다고 했다. "하나님께서는 '우리 영과 더불어' 혹은 '우리 영에게' '우리가 하나님의 자녀임을 증거'하십니다. 그리고 '만일 자녀이면 후사, 하나님의 후사요, 그리스도와 함께 한 후사임을 증거'하십니다. …… 누구든지 이러한 하나님의 영의 증거를 느끼게 될 때 드디어 '그의 슬픔은 변하여 기쁨'이 됩니다. 그 고통이 전에는 어떠한 것이었든지, '그때가 이르자마자 그는 하나님께로서 난 기쁨을 인하여 그 고통을 다시 기억지 않을 것'입니다. …… 보혜사가 오시면 '여러분의 마음은 기쁘게 될 것'입니다. '여러분의 기쁨이 충만할 것이며 또한 그 기쁨을 빼앗을 자가 아무도 없을 것'입니다(요 16:22). …… '예수를 너희가 보지 못하나 말할 수 없는 영광스러운 즐거움으로 기뻐하도다.' 참으로 말할 수 없는 기쁨입니다. 이 기쁨은 인간의 언어로는 표현할 수 없는 성령 안에서의 기쁨입니다. 이 기쁨은 '그것을 받은 사람 외에는 아무도 알지 못하는 감추어진 만나'입니다. 고난이 심할 때에는 성령의 위로하심은 더욱 풍성합니다."

4. 놀라운 평안을 체험하게 된다

성령님께서 내주하시면 세상에 알지 못하는 평안을 누리게 된다. "평안을 너희에게 끼치노니 곧 나의 평안을 너희에게 주노라. 내가 너희에게 주는 것은 세상이 주는 것 같지 아니하니라. 너희는 마음에 근심도 말고 두려워하지도 말라"(요 14:27).

1906년 2월 서울 자교 교회에서 열린 신년 사경회에서 어느 날 아침 회중 가운데 한 남자가 일어나 자신은 '술꾼에다 노름꾼, 사기꾼'이라고 자백하면서 죄에 대한 두려움을 솔직하게 고백하는 일이 있었다. 그는 다음날 자신의 죄에 대한 용서를 경험하고 "호랑이도 무섭지 않다."라고 고백할 만큼 심령의 평안을 얻었다고 한다. 하나님의 용서를 체험한 사람은 세상의 어떤 것에도 두려워하지 않는 평안을 누리게 된다.

1907년 평양 대부흥 운동 때 어떤 장로는 자기 죄를 회개한 후 마음에 임한 평안을 다음과 같이 말했다. 성령님께서 죄를 각성케 하시는 역사가 일어나자 그는 몇 해 전 자기가 빌린 빚을 불성실하게 갚은 것이 생각났다고 했다. "이것은 마치 회오리바람처럼 내게 다시 다가왔습니다. 죄악의 공포로 마치 영생을 잃는 것과 같았습니다. 나는 도저히 피할 수가 없었습니다. 나는 눈물을 흘리고 통회하면서 일어나 나의 부끄러운 죄악을 고백하지 않을 수 없었고, 모든 손실들을 배상하기로 결심했습니다. 그러자 평화가, 이전에는 결코 경험하지 못했던 이상하고 달콤하고 형언할 수 없는 평화가 나를 사로잡는 것 같았습니다." 진실로 회개하고 죄 사함 받은 자에게는 세상이 주는 것 같지 않은 평화가 항상 있다.

5. 기쁨으로 하나님을 찬미하게 된다

구원받고 하나님의 백성이 된 영혼은 저절로 하나님께 대한 감사의 찬미를 하게 된다. 초대 교회 성도들은 성령을 받고 너무 기뻐서 날마다 성전에 모이기를 힘쓰고 하나님을 찬미했다(행 2:47).

하늘을 봐도, 땅을 봐도, 구름을 봐도, 꽃을 봐도 모두 새롭다. 같은 하늘이요, 같은 땅이요, 같은 구름이요, 같은 꽃이지만 모든 것이 새롭고 감동스럽다. 모든 자연이 하나님의 은혜를 찬송하는 것처럼 느껴진다. "여호와께서 그 백성의 상처를 싸매시며 그들의 맞은 자리를 고치시는 날에는 달빛은 햇빛 같겠고 햇빛은 칠 배나 되어 일곱 날의 빛과 같으리라"(사 30:26).

마음에 천국이 임한 사람은 이미 영원한 천국의 기쁨을 현재에서도 맛보고, 하나님께 무한한 감사를 드리게 된다. 하나님께 무엇이라도 보답하고자 하는 마음이 저절로 생기고, 찬미가 저절로 생긴다(히 13:15).

6. 신의 성품을 갖게 된다

성령님께서 내주하시면 하나님의 거룩하심처럼 우리의 본성이 거룩하게 변화된다.

베드로후서 1장 4절을 보라. "이로써 그 보배롭고 지극히 큰 약속을 우리에게 주사 이 약속으로 말미암아 너희로 정욕을 인하여 세상에서 썩어질 것을 피하여 신의 성품에 참예하는 자가 되게 하려 하셨으니." 성령을 받은 후 스스로 자신을 돌아보면 온 영혼이 새롭게 되었음을 자각하게 된다. '보라! 새 것이 되었도다!' 하고 스스로 놀라게 된다.

"그런즉 누구든지 그리스도 안에 있으면 새로운 피조물이라. 이전 것은 지나갔으니 보라! 새것이 되었도다!"(고후 5:17)

7. 성령이 임한 사람은 내가 주님 안에 있고, 주님께서 내 안에 계신 것을 자각하게 된다

이것을 그리스도와 신비한 연합이라고 한다.

"그 날에는 내가 아버지 안에, 너희가 내 안에, 내가 너희 안에 있는 것을 너희가 알리라"(요 14:20). "그의 성령을 우리에게 주시므로 우리가 그 안에 거하고 그가 우리 안에 거하시는 줄을 아느니라"(요일 4:13). 순교의 제물이 되었던 초대 교회 지도자 이그나티우스(Ignatius)에게 트라야누스 황제가 "너는 누구냐?"라고 물었다. 그 질문에 이그나티우스는 "나는 가슴속에 그리스도를 갖고 있는 자, 하나님의 형상을 가진 자입니다. 그분은 저를 위하여 십자가에 못 박힌 분이십니다."라고 대답했다.

8. 하나님의 사랑이 부어짐으로 하나님과 성도들을 사랑하는 사람이 된다

순서상 이것을 여덟 번째로 소개하지만, 이것이 거듭난 자의 가장 큰 특징이요, 가장 중요한 특징이다. 왜냐하면 하나님은 사랑이시기 때문이다(요일 4:7~8). 사랑하는 자는 하나님께로 난 자요, 사랑이 없는 자는 마귀에 속한 자다(요일 3:10).

에드워즈는 다음과 같이 말했다. "사랑은 하나님의 성령께서 주시는 은혜 가운데 가장 중요한 것이며, 모든 참된 신앙의 생명이고 본질이며 총체입니다."

첫째로, 거듭난 사람은 자기 심령에 부어진 하나님의 사랑으로 하나님을 뜨겁게 사랑한다(롬 5:5 ; 벧후 1:8 ; 마 22:37; 롬 8:28). 웨슬리는 중생한 사람의 첫 번째 특징으로 하나님께 대한 사랑을 말하였다. 웨슬리는 '90% 크리스천'(almost Christian)은 하나님 앞에 아무런 소용이 없다고 전제한 후 '온전한 크리스천'(altogether Christian)의 특징을 다음과 같이 말했다. "만일 '온전한 크리스천은 이 이상의 무엇을 의미하는

가?'라고 묻는다면 나는 대답합니다. 먼저 하나님의 사랑입니다. 왜냐하면 하나님의 말씀은 다음과 같이 말하고 있기 때문입니다. '네 마음을 다하며 목숨을 다하며 힘을 다하며 뜻을 다하여 주 너의 하나님을 사랑하라'(눅 10:27). 이 하나님의 사랑은 그의 온 마음을 차지하고, 모든 정서를 빼앗고, 영혼 전부를 채우며, 영혼의 모든 기능을 최대한 장악합니다."

둘째로, 거듭난 사람은 또한 주 안에서 형제, 자매 된 다른 성도들을 사랑한다. "이러므로 하나님의 자녀들과 마귀의 자녀들이 나타나나니 무릇 의를 행치 아니하는 자나 또는 그 형제를 사랑치 아니하는 자는 하나님께 속하지 아니하니라"(요일 3:10). 그리스도 안에서의 형제 사랑은 거듭난 사람의 가장 대표적이고 중요한 표지 중 하나이다. 내가 하나님의 자녀임을 느끼는 사람은 다른 성도들에 대한 본능적인 형제 사랑을 느낀다. "예수께서 그리스도이심을 믿는 자마다 하나님께로 난 자니 또한 내신 이를 사랑하는 자마다 그에게서 난 자를 사랑하느니라"(요일 5:1).

피니는 사랑을 거듭남의 가장 중요한 표지로 보았다. "어떤 사람이 자신이 회심했다고 고백한다고 할지라도, 사랑이 그 사람의 지배적인 성격이 아니라면 그는 참으로 회심한 자가 아닙니다. 아무리 다른 면들에 있어서 훌륭하다 할지라도, 아무리 그의 견해가 명석하다 할지라도, 아무리 그의 감정이 깊다 하더라도, 만일 그가 하나님과 사람에 대한 사랑의 영을 갖고 있지 않다면 그는 속고 있는 것입니다."

9. 거듭난 사람은 원수까지 사랑한다

거듭난 사람은 원수까지 사랑하는 사람이 된다.

"또 네 이웃을 사랑하고 네 원수를 미워하라 하였다는 것을 너희가 들었으나, 나는 너희에게 이르노니 너희 원수를 사랑하며 너희를 핍박하는 자를 위하여 기도하라"(마 5:43-44). 거듭난 사람은 예수님께서 산상수훈에서 말씀하신 이 말씀을 지킬 수 있게 된다. 그것은 사랑과 긍휼이 무궁하신 그리스도의 영을 받았기 때문이다.

윗필드는 다음과 같이 말했다. "원수까지도 사랑하는 것은 거듭나지 않은 자연인들에게는 어려운 의무입니다. 그러나 성령의 약속에 참여하게 된 자는 누구든지 그것이 실천할 수 있는 일이며 쉽다는 것을 발견할 것입니다."

웨슬리도 거듭난 사람은 원수까지 사랑하는 마음을 가지게 된다고 단언했다. "우리 주님께서는 다음과 같이 말씀하셨습니다. '네 이웃을 네 몸과 같이 사랑하라.' '누가 나의 이웃입니까?' 라고 묻는 자가 있다면 우리는 대답합니다. '세상의 모든 사람들이 우리의 이웃입니다. 모든 육체의 영의 아버지이신 하나님의 모든 소생들입니다.' 또 우리는 결코 우리의 적들 혹은 하나님의 적들이나 그들의 영혼을 제외할 이유는 없습니다. 오히려 모든 크리스쳔은 그런 사람들도 자신과 같이 사랑합니다."

10. 복음적 겸손을 가지게 된다

복음적 겸손이란 자기가 하나님 앞에 얼마나 무가치한 존재인가를 철저히 깨닫고, 십자가 앞에서 철저히 회개함으로 가지게 되는 겸손을 말한다. 외식자들은 이러한 겸손을 가지지 못한다. 겸손한 척 할 수는 있겠으나, 진정으로 자기를 낮추고 자기를 부인하지는 못한다. 항상 자아와 아집이 살아서 남에게 인정받고, 높임 받고 싶어 한다. 그러나 진정한 회심자는 근본적으로 겸손하다.

그리스도는 마음이 온유하고 겸손하시다(마 11:29). 그러므로 거룩하신 주의 영이 거하는 사람은 당연히 온유하고 겸손한 성품이 넘치게 된다(갈 5:22~23). 마귀는 다른 것은 가지게 할 수 있으나 온유와 겸손은 가지게 할 수 없다.

에드워즈는 말한다. "자연적인 자기 사랑으로부터 나오는 모조품들과 구별되는, 참되고 신적이며 초자연적인 사랑의 가장 분명한 특징은 다음에서 찾아볼 수 있습니다. 즉 그리스도인의 덕은 다른 어떤 것들보다도 자기를 부인하고, 자기를 낮추며, 자기를 전멸시키는 데서 빛난다는 것입니다. 즉, 겸손에서 빛납니다. 그리스도인의 사랑, 혹은 참된 사랑은 겸손한 사랑입니다. …… 사랑과 겸손은 마귀의 영과 가장 반대되는 두 가지입니다. 이 세상에 있는 그 어떤 것보다 말입니다. 왜냐하면 그 악한 영의 특징은 무엇보다도 교만과 악의에 있기 때문입니다.…… 마귀가 하려고 해도 할 수 없고, 하려고도 하지 않는 다른 일들이 있습니다. 마귀는 사람들에게 신적인 사랑의 영이나 그리스도인의 겸손의 영, 그리고 가난한 마음을 주고자 하지 않을 것입니다. 설사 그가 주려고 한다 하더라도 줄 수 없을 것입니다. 마귀는 그 스스로 가지고 있지 못한 것을 줄 수 없습니다. 이러한 것들은 그의 본성과 가장 반대되는 것들입니다."

교만은 사탄의 가장 두드러진 특징이며, 그것은 겸손과 정반대되는 것이다. 주의 영이 계신 곳에는 겸손과 화평이 있고, 사탄이 있는 곳에는 교만과 다툼이 있다. 온유하고 겸손하지 못한 성품에서 모든 분쟁이 일어나며, 그것으로 인하여 사탄이 기쁨을 누린다.

11. 의를 행하고 죄를 짓지 않는 삶을 살게 된다

하나님께로 난 자는 죄를 짓지 않는다(요일 3:9). 죄를 짓는 자는 마귀에게 속한 자이다(요일 3:8).
사도 요한은 말했다. "너희가 그의 의로우신 줄을 알면 의를 행하는 자마다 그에게서 난 줄을 알라"(요일 2:29). "이러므로 하나님의 자녀들과 마귀의 자녀들이 나타나나니 무릇 의를 행치 아니하는 자나 또는 그 형제를 사랑치 아니하는 자는 하나님께 속하지 아니하니라"(요일 3:10).

성경은 사람이 거듭나게 되면 악한 자가 만지지도 못한다고 하였다. "하나님께로서 난 자마다 범죄치 아니하는 줄을 우리가 아노라. 하나님께로서 나신 자가 저를 지키시매 악한 자가 저를 만지지도 못하느니라"(요일 5:18).
스펄젼은 다음과 같이 말했다. "그러므로 우리는 요한1서 3장 9절에서 또 하나의 같은 생각을 볼 수 있습니다. '하나님께로서 난 자마다 죄를 짓지 아니하나니, 이는 하나님의 씨가 그의 속에 거함이요 저도 범죄치 못하는 것은 하나님께로서 났음이라.' 다시 말하자면, 그리스도인의 생활의 성향은 죄로 향하는 것을 좋아하지 않습니다. 그리스도인이 죄 속에 산다는 것은 그의 삶에 대한 올바른 묘사가 아닙니다. 도리어 그에게는 죄를 지을 수 없는 내적 원리(principle)가 있으므로 죄를 대항하여 싸우고 투쟁할 것입니다. 새 생명은 죄를 짓지 않습니다. 하나님께로서 났으므로 죄를 지을 수 없습니다. 옛 성품은 새 생명을 거슬러 싸우지만, 새 생명이 그리스도인 안에서 아주 우세하여, 그가 죄의 삶을 살지 않도록 합니다."

『독일 신학』에는 다음과 같이 말한다. "사람이 덕과 악 사이의 차이에 대한 탁월한 지식을 가지고 있다고 하더라도 그가 그 덕을 사랑하지 않는다면 그는 진정한 의미에서 도덕적이라고 할 수 없습니다. 그는 부도덕한 자요, 덕을 무시하는 자입니다. 그러나 만일 그가 덕을 사랑한다면, 그는 덕에 순종하며, 부도덕한 것을 원수로 여기게 됩니다. 간단하게 말해 그는 부도덕한 일에 빠질 수가 없습니다. …… 그런즉 만일 그가 불의의 원수라면, 그는 그의 동료에게서 불의를 발견할 때마다 그 불의를 제거하고, 그를 의로 인도하기 위하여 희생적으로 행하며, 그로 인해 고난받을 각오를 하게 될 것입니다. 진정으로 의로운 자는 불의를 행하기보다는 차라리 백 번이고 죽기를 원하는 바, 이는 단지 의를 사랑하기 때문입니다."

12. 세상을 이긴다

하나님께로서 난 사람은 세상의 유혹과 욕심을 이긴다.

"하나님을 사랑하는 것은 이것이니 우리가 그의 계명들을 지키는 것이라. 그의 계명들은 무거운 것이 아니로다. 대저 하나님께로서 난 자마다 세상을 이기느니라. 세상을 이긴 이김은 이것이니 우리의 믿음이니라"(요일 5:3~4).

피니의 말을 들어보자. "믿음으로 그리스도를 영혼 속에 영접하고서도 영혼이 세상을 이기지 못하는 일은 본질상 있을 수 없습니다. 신생이 있으면 마음이 새로운 상태로 들어가게 되고 그리스도께서 마음속에 들어가시게 됩니다. 그렇게 되면, 그리스도께서도 당연히 그 영혼 속에서 그를 다스리시게 될 것입니다. 그리하여 영혼은 가장 기쁜 마음으로 그리스도께 지고한 애정을 바치게 되며, 영혼을 지배하던 세상의 능력이 파괴됩니다. ······ 세상을 이기는 것이 습관화되지 않은 사람은 하나님께로서 난 사람이 아닙니다."

윗필드는 그의 말년에 한 설교인 "야곱의 사닥다리"에서 이렇게 말했다. "제 나이 스무 살 되던 해 이후로 지금까지 저는 세상을 사랑하지 않았고, 또한 단 1분이라도 제 마음속에 세상 사랑을 품고 지냈던 적이 없음은 하나님께서 증인이십니다."

13. 영적 세계를 보게 되며, 성령님의 가르침을 듣게 된다. 즉 영 분별을 하게 된다

거듭나게 되면 새로운 영적 세계를 보게 된다. 즉 영적인 시각과 안목이 생긴다.

고린도전서 2장 9~10절을 보라. "기록된바 하나님이 자기를 사랑하는 자들을 위하여 예비하신 모든 것은 눈으로 보지 못하고 귀로도 듣지 못하고 사람의 마음으로도 생각지 못하였다 함과 같으니라. 오직 하나님이 성령으로 이것을 우리에게 보이셨으니 성령은 모든 것 곧 하나님의 깊은 것이라도 통달하시느니라." 당신은 새로운 세계를 보게 되었는가?

거듭난 사람은 또한 영적인 귀가 열려 성령님의 가르침을 듣기 시작한다. 요한1서 2장 27절을 보라. "너희는 주께 받은 바 기름 부음이 너희 안에 거하나니 아무도 너희를 가르칠 필요가 없고 오직 그의 기름 부음이 모든 것을 너희에게 가르치며 또 참되고 거짓이 없으니 너희를 가르치신 그대로 주 안에 거하라." 성령의 기름 부음이 있는 사람은 성령님의 음성을 듣게 된다. 성령님께서는 모든 것을 가르쳐 주신다. 성령님의 기름 부음을 받으면 신령한 눈이 열리고 신령한 귀가 열리므로 산과 악, 거룩한 것과 속된 것을 분별하며 살 수 있다.

"너희는 거룩하신 자에게서 기름 부음을 받고 모든 것을 아느니라"(요일 2:20). 요한1서 2장 22절과 27절의 말씀은 특별히 거짓 영들을 분별하는 것에 대한 말씀이다. 그 마음속에 성령님이 계신 사람은 거짓 교리나 거짓 선지자, 거짓된 교인을 따라가지 않는다. 성령님의 거룩한 기름 부음이 거룩한 것과 속된 것을 분별하게 해 주시기 때문이다.

14. 복음을 증거하게 된다

성령의 비추심으로 그리스도의 영광을 보게 된 자들은 그리스도를 증거하지 않을 수 없다. "우리는 보고 들은 것을 말하지 아니할 수 없다 하니"(행 4:20). "오직 성령이 너희에게 임하시면 너희가 권능을 받고 예루살렘과 온 유대와 사마리아와 땅끝까지 내 증인이 되리라"(행 1:8). 초대 교회 성도들은 사도, 평신도 할 것 없이 모두 흩어져 담대히 복음을 전했다. 이는 성령님께서 그들에게 분명히 임하셨기 때문이다.

15. 거룩한 순종과 실천이 따르게 된다

"너희가 나를 사랑하면 나의 계명을 지키리라"(요 14:15). 참으로 거듭난 사람은 주님을 계명을 기쁘게 자발적으로 지킨다. 주의 계명은 그에게 결코 무거운 것이 아니다(요일 5:3).

주변에 보면, 예수님을 믿노라 하면서 행실이 거룩하지 않고, 마음이 거룩하지 않고, 삶이 거룩하지 못한 사람이 많다. 성경은 이에 대해 무엇이라고 말씀하시는가? "만일 우리가 하나님과 사귐이 있다고 하고 어두운 가운데 행하면 거짓말을 하고 진리를 행치 아니함이거니와"(요일 1:6). "우리가 그의 계명을 지키면 이로써 우리가 저를 아는 줄로 알 것이요, 저를 아노라 하고 그의 계명을 지키지 아니하는 자는 거짓말하는 자요, 진리가 그 속에 있지 아니하되"(요일 2:3~4). 말로는 믿는다고 하지만, 행실로는 주의 계명대로 살지 않는 자는 거짓말 하는 자요, 위선자다. 위선자를 경계하라!

오웬은 이런 위선자에 대해서 다음과 같이 경계했다. "우리는 그리스도를 거짓으로 사랑하는 척할 수 있다는 것을 압니다. 이러한 위선은 본인의 영혼을 파멸시킬 뿐 아니라, 종종 다른 사람들에게 해를 끼치고 고통을 줍니다. 교회 안에는 위선자들이 항상 있었으며 아마 앞으로도 계속 있을 것입니다. 거짓으로 그리스도를 사랑하는 척하는 것이 위선의 본질적인 모습입니다. 그리스도에 대한 첫 번째 큰 위선은 그를 사랑하는 척하면서 반역을 한 것이었습니다. 그를 배반했던 사람은 '선생님 안녕하시옵나이까 하고 입을 맞추었던' 사람이었습니다. 그는 말과 겉으로는 사랑을 말하면서 마음으로는 속임수와 음모를 가지고 있었습니다. …… 이렇게 거짓된 사랑은 드러낸 미움보다 더 나쁩니다. …… 우리는 그리스도의 계명을 지키기에 게을리하는 사람들은 그들이 무슨 고백을 하든지 간에 그리스도를 사랑하지 않은 사람들이라고 확실하게 말할 수 있습니다." 그리스도에 대한 우리의 믿음과 사랑은 말로써가 아니라 생활 중에 실천으로써 그 열매를 입증할 수 있어야 진정으로 거듭났다고 할 수 있다(갈 5:22~23). "너희가 나를 사랑하면 나의 계명을 지키리라"(요

14:15).

사람들 중에는 스스로 마음을 달래기 위해서, 혹은 남의 눈 때문에, 자존심 때문에, 혹은 마귀에게 스스로 속아서, 혹은 참된 구원이 무엇인지도 모르고 위선적으로 자신이 거듭났다고 말하는 사람이 많다. 예수님께서 말씀하신 것처럼 우리는 열매를 보고서야 참으로 그 나무를 판단할 수 있다. "그의 열매로 그들을 알지니 가시나무에서 포도를, 또는 엉겅퀴에서 무화과를 따겠느냐?"(마 7:16) 어떤 사람의 말이 아무리 현란할지라도 생활 중 거룩한 열매가 나타나지 않는다면 그는 성령 받은 사람은 아니다. 이런 자가 거짓 형제다. "저희가 하나님을 시인하나 행위로는 부인하니 가증한 자요 복종치 아니하는 자요 모든 선한 일을 버리는 자니라"(딛 1:16).

16. 조나단 에드워즈의 『성령의 역사 분별 방법』에 나오는 영 분별

에드워즈만큼 부흥 운동을 가까이서 목격한 사람은 흔치 않다. 그는 『성령의 역사 분별 방법』에서 요한1서 4장을 강해하면서 영 분별을 논했다. "사랑하는 자들아. 영을 다 믿지 말고 오직 영들이 하나님께 속하였나 시험하라. 많은 거짓 선지자가 세상에 나왔음이니라"(요일 4:1). 그는 성령의 역사임을 입증해 주는 다섯 가지 증거를 다음과 같이 말했다.

첫째, 마음 깊은 곳에서 예수님을 높이도록 역사하는 영은 성령님이시다. 성령님은 "동정녀에게서 나시고 예루살렘 성문 밖에서 십자가의 죽임을 당하신 예수님에 대한 그들의 존경심을 높이는 방식으로 역사"하신다. 그리고 "복음에서 예수님이 하나님의 아들이심과 사람들의 구주이심을 선언하는 것이 진리임"을 사람들의 마음에 더욱 확신하게 하고 공고히 하신다. 당신은 예수님께서 하나님의 아들이심과 구주이심에 대해 얼마나 확신하게 되었는가?

둘째, 성령님께서는 세상을 좇게 하는 사탄의 세력을 물리치시는 방식으로 역사하신다. 성령님은 "사람들로 하여금 죄를 짓도록 격려하고 죄 가운데 확고히 살도록 만들고 세상적인 욕망을 소중히 여기도록 하는 사탄의 왕국의 이익에 반대하여 작용"하신다." 당신은 거듭남으로 세상적 욕망을 이기게 되었는가?

셋째, 성령님께서는 성경을 높이고 사랑하게 만든다. "사람들이 성경을 매우 존중하게 되고, 성경의 진리와 신성을 더욱 확신하게 된다면, 그런 식으로 역사하는 영은 분명히 하나님의 성령이십니다."

넷째, 성령님께서는 영적인 참된 실제를 참으로 보고 느끼게 하신다. "예를 들어 역사하고 있는 영이 사람들로 하여금 하나님께서 살아 계신 것과, 그분은 위대하신 하나님이시며, 죄를 미워하는 하나님이시라는 사실을 평소보다 더욱 민감하게 깨닫게 해 준다면, 그리고 사람들로 하여금 그들이 반드시 죽는다는 것과, 인생은 짧으며 대단히 불확실하다는 것을 더욱 깨닫게 해준다면, 그리고 사람들로 하여금 다른 세상이 있다는 것과, 그들이 죽지 않는 영혼을 가지고 있다는 것과, 그들이 반드시 하나님께 직고해야 한다는 사실을 확실히 느끼게 해준다면, 그리고 그들의 본성의 죄와 행동으로 지은 죄가 매우 많음을 깨닫게 해준다면, 그리고 그들 자신으로서는 어찌할 수 없다는 것을 깨닫게 해준다면, 그리고 건전한 교리에 일치하는 다른 진리들을 확신케 할 수 있다면, 이와같이 역사하는 그 영은 진리의 영입니다. 성령은 사물들이 있는 그대로의 참된 실제를 나타내 보여줍니다."

다섯째가 가장 중요한 것이다. 성령님께서는 하나님과 사람에 대한 순수한 사랑, 겸손한 사랑을 하게 하신다. "사람들 사이에 역사하고 있는 영이 하나님과 사람에 대한 사랑의 영으로 역사한다면, 그것은 그 영이 하나님의 성령이라는 분명한 표징입니다." 에드워즈는 이렇게 강조했다. "참된 성령의 표지로 제시한 이 마지막 표지를 사도는 가장 뛰어난 표지로 말하는 듯이 보입니다. 사도는 기타 모든 다른 표지들보다 사랑을 훨씬 더 많이 주장하고 있습니다."

에드워즈는 이 책을 1741년에 저술했다. 이때는 제1차 대각성 운동(1740~1742)이 한창 진행되고 있을 무렵이었다. 대각성이 끝난 1746년에 출판한 『신앙 감정론』에는 더욱 깊고 예리한 영 분별이 나온다.

17. 조나단 에드워즈의 『참된 미덕의 본질』에 나오는 영 분별

에드워즈는 성령과 사탄의 영을 구별하는 가장 뛰어난 표지로 사랑을 말했다. 기독교인이 가지는 사랑의 본질은 어떤 것인가? 이것을 본격적으로 논의한 것이 1755년에 저술한 『참된 미덕의 본질』이다. 이 책은 깊고 영적일 뿐만 아니라 철학적인 책으로, 에드워즈는 이 책으로 인하여 지금까지 큰 명성을 누리고 있다.

에드워즈는 "참된 미덕은 보편 존재(다른 말로, 존재 일반,

Being in general)에 대한 호의(benevolence)에 가장 본질적으로 존재한다."라고 했다. 여기서 보면 존재란 모든 것을 포함하는 존재이신 하나님과 모든 '지성적인 존재'를 가리킨다. 즉 에드워즈는 참으로 거듭난 사람은 먼저 하나님을 사랑하고, 모든 인간을 사랑한다는 것이다. 거듭난 사람의 사랑의 대상은 온 인류에 미친다. 이것이 이 책의 논점이다. 다시 말하면, 보편 존재이신 하나님을 사랑하는 자는 그 가운데 포함되는 모든 인간을 사랑하게 된다는 것이다.

에드워즈는 기독교인이 발휘하는 사랑을 '만족적 사랑'(complacence)과 '호의적 사랑'(benevolence) 이 둘로 나누었다. 거듭난 사람은 택함 받은 거룩한 성도들에게는 '만족적 사랑'을 갖게 되고, 모든 인간에 대해서는 '호의적 사랑'을 발휘하게 되어 있다. 에드워즈는 이와 같은 마음을 가진 사람이라야 거듭난 사람이라고 보았다.

성령으로 말미암아 하나님의 거룩의 아름다움을 보게 된 사람은 하나님을 사랑하게 되고, 모든 것을 포함하시는 하나님을 사랑하게 된 사람은 하나님과 모든 인간을 사랑하게 된다는 것이 에드워즈의 가르침이다. 모든 인간에 대한 사랑이 거듭남의 표지라는 것은 윗필드, 웨슬리도 강조했으며, 성경에도 자주 나온다. 즉 거듭난 사람의 사랑이 미치는 범위는 원수까지다. "나는 너희에게 이르노니 너희 원수를 사랑하며 너희를 핍박하는 자를 위하여 기도하라. 이같이 한즉 하늘에 계신 너희 아버지의 아들이 되리니 ……"(마 5:44~45).

이상으로 거듭난 자의 표징들을 자세히 살펴보았다.

끝으로 윗필드의 말을 들어보자. "편벽되지 않게 자신을 점검해 보아 자기 영혼 속에서 앞에서 말한 표징들을 발견할 수 있는 사람들은 누구든지 천사가 자기에게 말하는 것처럼 확실하게 그의 용서가 하늘에서 인친 바 되었음을 확신할 수 있을 것입니다. 저 자신에 대해 말하자면, 저는 하늘로부터 온 천사가 저에게, '아들아, 힘을 내라. 네 죄가 사함 받았느니라.'라고 말하는 것을 귀로 듣는 것보다 더 확실하게 이러한 신적인 은혜들을 보았고, 제 영혼 위에 하늘의 성품이 안쳐진 것을 보았습니다. 이러한 것들은 오류가 있을 수 없는 증거들입니다. 그 표징들은 임마누엘 하나님께서 우리와 함께, 또 우리 속에 계시는 증거입니다. 그러한 표징들은 받은 자만이 알 수 있는 흰 돌 위에 기록되어 있습니다. 그것들은 또한 우리 마음속에서 우리가 하늘의 기업을 유업으로 받게 되었다는 것을 보증해 주는 보증들이기도 합니다."

당신도 윗필드처럼 말할 수 있는가? 진실로 그러한가?